RESPUESTAS A PREGUNTAS SOBRE

Jesús

I0901736

H. Wayne House

Timothy J. Demy

EDITORIAL PORTAVOZ

La misión de *Editorial Portavoz* consiste en proporcionar productos de calidad —con integridad y excelencia—, desde una perspectiva bíblica y confiable, que animen a las personas a conocer y servir a Jesucristo.

Título del original: *Answers to Common Questions About Jesus*

Traducción: Daniel Menezo

EDITORIAL PORTAVOZ
2450 Oak Industrial Dr. NE
Grand Rapids, Michigan 49505 USA
Visítenos en: www.portavoz.com

ISBN 978-0-8254-1928-7 (rústica)
ISBN 978-0-8254-0362-0 (Kindle)
ISBN 978-0-8254-8498-8 (epub)

1 2 3 4 5 / 18 17 16 15 14

Impreso en los Estados Unidos de América
Printed in the United States of America

Contenido

Tercera parte: La obra de Jesús según la Biblia

Cuarta parte: Jesús y el futuro

Quinta parte:
Jesús según fuentes extrabíblicas

Sexta parte:
Jesús y los paradigmas alternativos

Séptima parte:
Jesús y algunas cuestiones difíciles de la Biblia

Acerca de esta serie

La serie "Respuestas a preguntas" va destinada a proporcionar a los lectores un resumen escueto y una visión panorámica de temas y cuestiones específicos de la teología cristiana. Los libros están escritos siguiendo un formato de preguntas y respuestas, para poder consultarlos rápidamente y facilitar su estudio. Las preguntas siguen una progresión lógica, de modo que quienes lean la obra aprecien más que antes los temas y cuestiones examinados. Los volúmenes son profundos pero no exhaustivos, y se pueden usar en conjunto o como estudios de un solo libro. Cada libro está plenamente documentado, y contiene una bibliografía recomendada para quienes deseen profundizar con más detalle en un tema.

El estudio de la teología y los numerosos interrogantes dentro del cristianismo es una empresa emocionante y fructífera. Durante dos mil años, los cristianos han proclamado el evangelio de Jesucristo y han procurado definir con precisión y defender las doctrinas de su fe tal como aparecen en la Biblia. En 2 Timoteo 2:15, se exhorta a los cristianos diciéndoles: "Procura con diligencia presentarte a Dios aprobado, como obrero que no tiene de qué avergonzarse, que usa bien la palabra de verdad". El objetivo de estos libros es ayudarle en su diligencia y precisión cuando estudie la Palabra de Dios y su influencia en la historia y en el pensamiento a lo largo de los siglos.

Introducción

Jesús es la persona más importante de la historia. Ha sido el tema de películas y musicales, prosa y poesía, diálogos y debates. Han estudiado a Jesús historiadores, artistas, teólogos, científicos, filósofos, abogados y periodistas. Se le ha calificado de revolucionario y de redentor, de mesías y de loco, de maestro y de predicador. Abundan las opiniones sobre Jesús; algunas de ellas son correctas y basadas en el texto bíblico y otras no. Hay muchos puntos de vista sobre Jesús, tanto seculares como religiosos, cristianos y no cristianos, informados y desinformados. Nuestra meta con este breve libro es responder a algunas de las preguntas más frecuentes sobre la persona y la obra de Jesús de Nazaret.

En el último versículo del Evangelio de Juan, el autor declaró: "Y hay también otras muchas cosas que hizo Jesús, las cuales si se escribieran una por una, pienso que ni aun en el mundo cabrían los libros que se habrían de escribir." (Jn. 21:25). Sin duda, la declaración de Juan es cierta, porque las cosas que sabemos sobre Jesús procedentes de los relatos de los cuatro Evangelios han generado miles de escritos y libros a lo largo de los siglos.

Teniendo tantos libros, tantas ideas y tantas opiniones sobre Jesús, es importante que contemos con una comprensión básica sobre su vida y su obra. El teólogo evangélico Carl F. H. Henry declaró astutamente que "la controversia sobre la persona de Cristo a lo largo de los siglos se centra más o menos en los mismos temas, de modo que lo único que hemos de hacer es cambiar los nombres, los momentos y los lugares en la historia de la incredulidad".[1] Tanto si examinamos los diálogos con Jesús plasmados en los Evangelios como los debates sobre Él en los primeros siglos de la era cristiana, o las declaraciones sobre Cristo en la cultura contemporánea, los temas vienen a ser los mismos. ¿Quién fue Jesús, qué hizo y por qué es importante su obra (si lo es)? Únase a nosotros mientras examinamos las preguntas frecuentes sobre Jesús; ¡algunas de las respuestas tienen consecuencias eternas!

PRIMERA PARTE

La vida y el ministerio de Jesús

1. ¿Cuándo nació Jesús?

El relato bíblico no nos proporciona una fecha exacta para el nacimiento de Jesús, aunque muchos dan por hecho equivocadamente que nació en el año 1, haciendo así que el nacimiento de Jesús sea el principio del calendario que utilizamos. Esto parecería tener sentido de no ser por el hecho de que nuestro calendario es diferente al que se usaba en tiempos de Jesús. Nuestra fecha procede del calendario creado por un monje llamado Dionisio, a petición del papa Juan I en el año 525 de nuestra era. Dionisio basó su cronología en el cálculo que habían hecho los romanos sobre la fundación de Roma 754 años antes del nuevo calendario cristiano. Por lo tanto, el año 754 A. U. C. (*anno urbis conditae*) se convirtió en el año 1 d. C. Los años previos al nacimiento de Cristo se señalaron como a.C., antes de Cristo, y el año de su nacimiento y los posteriores se indicaron como d. C. o A. D. (*anno Domini*, año de nuestro Señor, en la cronología de habla inglesa). Lamentablemente, Dionisio se equivocó en sus cálculos. Hoy día sabemos que la muerte de Herodes se produjo en el año 750 A. U. C., y que la época del nacimiento de Cristo señalada en el Evangelio de

Mateo tuvo lugar antes de ese acontecimiento. Por consiguiente, Jesús debió nacer antes del año 4 a. C. según nuestro calendario actual.[1]

Fijando esa fecha como la última posible para el nacimiento de Jesús, ¿cuál pudo ser la fecha más remota para su nacimiento? Sabemos gracias al Evangelio de Lucas que el nacimiento de Jesús se produjo después de la emisión de un decreto de César Augusto, que ordenaba que se hiciera un censo en todo el mundo romano con objeto de aplicar impuestos. Augusto fue emperador entre los años 44 a. C. y 14 d. C. (entre el año 1 a. C. y el 1 d. C. no existe un año 0), pero esto no nos ayuda mucho. Es necesario reducir las posibilidades, pero Lucas también nos proporciona una pista. Menciona que este censo se realizó cuando Cirenio era gobernador de Siria. Algunos han puesto en duda ese censo, dado que Cirenio gobernó varios años después de la muerte de Herodes. Sin embargo, hoy se sabe que se llevaron a cabo dos censos en dos momentos distintos del gobierno de Cirenio. A partir de Augusto, los romanos realizaron un censo cada catorce años. Uno fue en los años 23-22 a. C. y el otro en los años 9-8 a. C. Lucas menciona el segundo de los dos. Cirenio fue gobernador dos veces, en el año 7 a. C. y en el 6 d. C. Gracias a un papiro egipcio se ha descubierto el procedimiento que usaban los romanos para elaborar un censo: "Cuando se acerca el momento de censar a las familias, es necesario ordenar a todos aquellos que, por cualquier causa, se encuentren alejados de sus hogares, que vuelvan a ellos…".[2]

¿Nació Jesús un 25 de diciembre? Esta es una tradición del cristianismo occidental (la Iglesia oriental tenía el 6 de enero), pero en el cristianismo temprano no existe constancia de esta fecha.[3] Algunos cuestionan la probabilidad de que el nacimiento tuviera lugar en invierno en Belén. Esto no sería probable, dado que se nos dice que durante el invierno las ovejas no están en el campo, sino en los rediles para protegerse del frío. Sin embargo, existen bastantes evidencias de que no se permitía que las ovejas vagasen por el campo en invierno, pero que alrededor de Belén esto era permisible. Además, como los inviernos suelen ser suaves, la temperatura no sería un problema. Por lo tanto, los pastores pudieron estar perfectamente cuidando de sus rebaños en un diciembre o un enero poco fríos, cuando el anuncio de la hueste angelical les llevó a visitar al bebé en una cueva de Belén. Estamos de acuerdo con el importante estudio de Harold Hoehner, que sitúa el nacimiento de Jesús no antes del mes de diciembre del año 6 a. C. (probablemente en el 5) o en enero del año 4 a. C.[4]

2. ¿Dónde nació Jesús?

Para cualquiera que lea la Biblia, la respuesta fácil sería decir que Jesús nació en Belén (Lc. 2:4), pero el problema estriba en que en la antigua Israel había dos ciudades llamadas Belén. Aquella con la que estamos más familiarizados era Belén de Judea, aproximadamente a 10 kilómetros al sur de Jerusalén. La otra Belén es la Belén de los gentiles, a unos 16 kilómetros de Nazaret. María y José vivían en Nazaret, de modo que muchos piensan que esta segunda Belén sería la ciudad a la que viajaron. Esta Belén alternativa también se conocía como Belén de Zabulón, para distinguirla de Belén de Judea. El nombre "Belén" significa "la casa del pan".

Al analizar ambas posibilidades, destaca de inmediato la enseñanza clara tanto de las Escrituras hebreas como cristianas cuando dicen que el Mesías nació en Belén de Judea. Por ejemplo, el profeta Miqueas dice:

"Pero tú, Belén Efrata, pequeña para estar entre las familias de Judá, de ti me saldrá el que será Señor en Israel; y sus salidas son desde el principio, desde los días de la eternidad" (Mi. 5:2). Era necesario que el Mesías naciera en la tierra de Judea en Belén, y no en Galilea. Mateo afirma que estas palabras de Miqueas se cumplieron en la vida de Jesús: "Cuando Jesús nació en Belén de Judea en días del rey Herodes, vinieron del oriente a Jerusalén unos magos… Ellos le dijeron [a Herodes]: Y tú, Belén, de la tierra de Judá, no eres la más pequeña entre los príncipes de Judá; porque de ti saldrá un guiador, que apacentará a mi pueblo Israel" (Mt. 2:1, 5-6).

En segundo lugar, en las genealogías de Mateo y de Lucas vemos que José era del linaje de David; por lo tanto, era de la tribu de Judá, y no de la de Zabulón, de modo que era necesario que se empadronase en la ciudad de David, Belén de Judea. En tercer lugar, la lectura normal del relato sobre los sabios de oriente y Herodes los sitúa en una localidad cerca de Jerusalén. Los sabios acudieron a la ciudad de Belén de Judea.

El relato que hace Lucas del nacimiento de Cristo dice que José acudió a Judea para empadronarse conforme requería el decreto de César Augusto (Lc. 2:1, 4). El relato que ubica a los pastores en Judea tiene más sentido que el que los situaría en Galilea, que era una tierra de cultivo, a diferencia de la zona de las colinas de Judea, donde el pastoreo era lo habitual.

Juan 7:42 introduce un episodio donde vemos que aquellos que se oponían a Jesús tenían dificultades para entender cómo era el Mesías si vivía en Galilea, y sin embargo sabían, gracias a Miqueas 5:2, que el Mesías debía nacer en Belén de Judea. Para ellos era una confusión natural, y debido a esto no entendían que Él fuera quien realmente era.

Por último, algunos han debatido que un viaje

tan agotador en asno desde Nazaret a Belén de Judea es improbable, dado que hubiera sido demasiado para una mujer embarazada de nueve meses e incluso podría haber provocado un aborto. Lo primero que hemos de entender es que el texto bíblico no dice que José y María viajasen en asno; la gente lleva demasiado tiempo viendo imágenes sobre este episodio y no han leído el pasaje. Segundo, el recorrido, de entre 110 y 145 kilómetros dependiendo de la ruta, se habría cubierto probablemente en varios días, incluso una semana o más, de modo que no hubiera sido tan agotador como a veces se piensa. Olvidamos el tipo de viajes que realizaron muchas personas por Norteamérica en el siglo XIX, en circunstancias parecidas. Además, seguramente José y María no viajaron solos, sino que formaron parte de algún tipo de caravana. También es posible que hicieran escalas en el camino para visitar a parientes. El texto es claro y, por tanto, no hay necesidad de forzarlo para que signifique otra cosa o de inventarse historias. Jesús nació en Belén de Judea, lugar de nacimiento y hogar originario del rey David en el Antiguo Testamento (1 S. 16:1-13; 17:12).

3. ¿Qué significa el nombre "Jesús"?

El término español *Jesús* es una transliteración del griego *Iesous* o el latín *Iesus*, procedentes del vocablo hebreo *Yeshua'*, que significa "Yahvé salva", una forma tardía presente en el periodo neotestamentario de un nombre anterior, *Yehoshua'* (Josué), que significa "Yahvé es salvación". Este término hebreo se usa en todas las Escrituras hebreas para referirse a la salvación, liberación, socorro o seguridad tanto físicas como espirituales. El nombre era conocido y usado en los tiempos bíblicos, pero solo con el nacimiento de Jesús de Nazaret se hizo realidad plena el significado del mismo. Cuando el ángel visitó a José para informarle de que Dios había elegido a María para ser la madre del Mesías, le dijo estas palabras: "Y dará a luz un hijo, y llamarás su nombre JESÚS [*Yeshua'*], porque él salvará a su pueblo de sus pecados" (Mt. 1:21).[5]

4. ¿Quiénes fueron los hermanos de Jesús?

Sabemos poca cosa sobre la mayoría de los hermanos de Jesús, aparte de Jacobo y Judas, pero Mateo 13:55-56 señala que tuvo otros hermanos y hermanas: "¿No es éste el hijo del carpintero? ¿No se llama su madre María, y sus hermanos, Jacobo, José, Simón y Judas? ¿No están todas sus hermanas con nosotros? ¿De dónde, pues, tiene éste todas estas cosas?".

No hay evidencias de que ninguno de sus hermanos o hermanas creyeran en Él como Mesías durante los primeros años de su vida o durante su ministerio terrenal. De hecho, Juan 7:2-6 demuestra que los hermanos de Jesús le provocaban, y el pasaje dice que no creían en Él (v. 5). Marcos 6:4 nos dice que el rechazo de Jesús empezó por su propia familia. Dado que es evidente que esto no incluía a José y a María, el comentario debe hacer referencia a sus hermanos. Una indicación ulterior de esta incredulidad fraterna se manifiesta en la cruz, cuando Jesús, el hijo mayor, encarga al apóstol Juan que cuide de su madre, en vez de pedírselo a sus hermanos menores (Jn. 19:25-27).

Afortunadamente, la historia no acaba aquí, porque sabemos que después de la resurrección Jacobo recibió una visita personal del Señor Jesús (1 Co. 15:7), y más tarde se convirtió en el líder de la iglesia en Jerusalén (Hch. 15). Sus hermanos y su madre estuvieron presentes en el aposento alto el día de Pentecostés (Hch. 1:13-14), y Judas (hablamos de su hermano, no del traidor), escribió un libro del Nuevo Testamento.

Algunos católicos romanos (y unos pocos protestantes) sostienen que Jesús no tuvo hermanos ni hermanas, y que el término usado para *hermanos* quiere decir *primos* (un punto de vista que también sostuvieron los líderes cristianos egipcios a principios del siglo III). Sin embargo, en cada uno de los casos se emplea la palabra concreta que significa *hermano*, no *primo*. Aunque es cierto que el término puede significar "primo", en estos casos no hay ninguna necesidad de recurrir a ese uso. Algunos han dicho también que los hermanos y hermanas de Jesús eran en realidad hermanastros, hijos de José por un matrimonio anterior. En el texto bíblico no hallamos evidencias de semejante matrimonio. Los argumentos que niegan que Jesús tuviera hermanos y hermanas están ligados con la enseñanza posterior del catolicismo romano y la ortodoxia oriental sobre la virginidad perpetua de María.

5. ¿Se casó Jesús?

La idea de que Jesús contrajese matrimonio durante su existencia terrenal nace, en general, de dos fuentes divergentes. La primera es la de los Santos de los Últimos Días (mormones), que han enseñado que Jesús estuvo casado, quizá con más de una mujer, a saber, María de Magdala (María Magdalena) y posiblemente María y Marta. Sostienen que las bodas de Caná de Galilea fueron uno de los convites nupciales de Jesús.[6] Sin embargo, el texto de Juan 2:2 dice que Jesús fue invitado a esa boda junto con su madre, y está claro que, de haber sido el novio, no habría necesitado invitación.

Ya uno de los primeros líderes de los mormones, Orson Hyde, enseñó que la referencia a María en el huerto cuando dice "se han llevado a mi Señor"

(Jn. 20:13) es una prueba de su matrimonio, entendiendo "Señor" como "marido". Sin duda que una esposa podría llamar a su marido "Señor", como hacía Sara con Abraham (1 P. 3:6), pero en el Nuevo Testamento este término se usa en diversos sentidos, que no indican de ninguna manera una relación matrimonial. No existe fundamento alguno para entender que este término haga referencia al matrimonio en los casos concretos de María Magdalena, María o Marta. El vocablo se usa para hablar de las vírgenes que servían en una boda (Mt. 25:11) y de la mujer que buscaba la ayuda de Jesús (Mr. 7:28). En el contexto de María y Marta en Lucas 10:40-41, o en el de María Magdalena en Juan 20:13-18, no hay nada que diferencie este uso de *Señor* de los demás que se le dan en el Nuevo Testamento. En los Evangelios, tanto los hombres como las mujeres llaman Señor a Jesús, ya sea como título de respeto o a veces como equivalencia a Yahvé (Señor) (cp. Lc. 1:43; 2:11; 5:8, 12; 7:6).

La segunda fuente para afirmar que Jesús estuvo casado procede de la cultura popular y los pseudo historiadores. Dan Brown, en el éxito de ventas *El código Da Vinci*, sostiene, por medio del personaje del profesor Teabing, que Jesús estuvo casado con María Magdalena y tuvo hijos. Parte del motivo es la afirmación que hace Teabing de que estar soltero no era una práctica judía. Esto no es así. Aunque lo habitual era casarse, en el Nuevo Testamento hubo muchos hombres que no contrajeron matrimonio, como lo evidencia la comunidad de Qumrán, en la que se practicó el celibato. De hecho, si de verdad Jesús estuvo casado, el apóstol Pablo (un judío soltero) perdió una oportunidad importante para fortalecer su argumento en su primera epístola a los corintios: "¿No tenemos derecho de traer con nosotros una hermana por mujer como también los otros apóstoles, y los hermanos del Señor, y Cefas?" (1 Co. 9:5). Ese hubiera sido un pasaje perfecto donde usar el matrimonio de Cristo Jesús para respaldar el derecho que tenía Pablo de tener una esposa.[7]

En los Evangelios bíblicos no hay un solo pasaje que diga o sugiera que Jesús estuvo casado con nadie. Brown (y otros) creen que tienen un fundamento en un evangelio extrabíblico del siglo II, conocido como el Evangelio de Felipe:

> Por lo que respecta a la Sabiduría llamada "la estéril", es la madre de los ángeles. Y el compañero de la… María Magdalena… la amaba más que a todos los discípulos, y solía besarla en los labios. El resto de los discípulos… Le dijeron "¿Por qué la amas más que a todos nosotros?". El Salvador les respondió y les dijo: "¿Por qué no os amo como a ella? Cuando un hombre ciego y uno que ve están en la oscuridad, no son distintos el uno del otro. Cuando viene la luz, quien ve percibirá la luz, y el ciego seguirá sumido en las tinieblas".[8]

Según la novela, Jesús besaba en los labios a María Magdalena, lo cual provocó los celos de los apóstoles. Junto a esto encontramos la afirmación de que la palabra *compañero* habla de un cónyuge. Estas dos afirmaciones de la novela son falsas. En realidad, el texto que figura en el papiro que contiene el Evangelio de Felipe está roto, de modo que no sabemos dónde besaba Jesús a María según este evangelio gnóstico del siglo II; pudo haber sido en la mejilla. Además de esto, Teabing declara que la palabra *compañero* es el término arameo para hablar del cónyuge, pero el Evangelio de Felipe es copto, no arameo, de modo que este punto es irrelevante.

En definitiva, no existen evidencias creíbles, históricas o textuales, de que Jesús estuviera casado; ni los documentos bíblicos ni las obras heréticas respaldan esta idea.[9] Esta perspectiva encuentra respaldo solamente en libros de ficción sensacionalistas. Por otro lado, no existen motivos morales o físicos por los que Jesús no pudiera haberse casado. El matrimonio es honroso a los ojos de Dios y cumple su propósito de poblar el mundo (Gn. 1:26-28), además de representar su relación con su pueblo (Ef. 5). Además, Jesús era un verdadero humano y, por tanto, podía casarse y tener descendencia. Como sucedía con Pablo, la misión del Señor en este mundo era más exigente, de modo que no hubiera sido deseable casarse. Jesús vino a este mundo a servir y a salvar a la humanidad, a morir por nosotros y no a disfrutar de los placeres que ofrecen ser esposo y padre.

6. ¿Dónde viajó Jesús durante su ministerio?

¿Viajó Jesús a tierras lejanas, o centró en gran medida su ministerio en la comunidad judía de la Israel antigua del siglo I? Esta es una pregunta que ha surgido debido a ciertas afirmaciones recientes de que quizá Jesús visitara lugares como la India (según el hinduismo) y Damasco, el sudeste de Turquía y a lo mejor incluso Afganistán (según el Islam).

Según cierta tradición, durante los primeros años de su vida, Jesús recibió formación espiritual de los líderes espirituales indios, y volvió a Jerusalén tras cumplir los trece años de edad. En lugar de morir más adelante en la cruz, regresó a la India, para morir por fin y ser sepultado en Cachemira. Otro punto de vista indio sostiene que Jesús se dirigió a oriente tras su resurrección. Estos relatos nacieron en el siglo II d. C., en el año 115, probablemente tras la predicación de

Tomás en la India en el siglo I, cuando la historia de Jesús se confundió con la mitología local.[10] También en oriente, el budismo nació del hinduismo, y parece que algunas de las historias sobre Jesús se combinaron con las de Gautama Buda. De los dos se dice que ayunaron cuarenta días, que fueron tentados por Satanás, que se refirieron a sí mismos como "la luz" y que predicaron el amor por los enemigos.

Por último, algunas tradiciones dentro del Islam afirman que Jesús estuvo en Damasco, Siria, durante aproximadamente dos años en el momento en que Pablo se dirigía a esa ciudad. Se dice que predicó al rey de Nisibis, al sureste de Turquía, y en Afganistán, donde hizo milagros.

Todos estos relatos aparecieron después de la época del Nuevo Testamento y cuentan con poco, o ningún, respaldo para su credibilidad. Parecen haber surgido debido a la extensión del evangelio de Jesús en esas partes del mundo, cuando se produjo una confusión con el Jesús histórico y el evangelio sobre él.

Durante los dos siglos pasados, algunos escritores han defendido que en la vida de Jesús hubo unos "años perdidos" durante los que viajó por todo el mundo, llegando a Inglaterra y a otros lugares. Según parece, basan esta idea en dos pasajes: la afirmación de Juan en Juan 21:25 de que Jesús hizo muchas cosas que no se pusieron por escrito, y la que hace Juan el Bautista en Juan 1:31. Sin embargo, ninguno de estos dos versículos respalda semejante interpretación. Juan se refiere a cosas que Jesús hizo como parte de su ministerio en Palestina, con sus discípulos. El comentario de Juan el Bautista de que no conocía a Jesús tiene sentido si tenemos en cuenta el hecho de que antes de empezar su ministerio público Juan llevaba una vida apartada en el desierto (Lc. 1:80).[11]

¿Qué sabemos realmente sobre los viajes de Jesús? Contamos con información concreta sobre los viajes en su vida temprana, antes de declararse el Mesías de Dios. Siendo un bebé, estuvo en Egipto con sus padres, y luego se trasladó a Nazaret tras la muerte de Herodes el Grande en el año 4 d. C. Durante su ministerio visitó distintos puntos del territorio de Israel, como el lago de Galilea y las ciudades asentadas a su alrededor. Betsaida y la moderna Kursi, el lugar donde Jesús expulsó a los demonios que acudieron a una piara de cerdos, son dos de esas ciudades. Fue a Caná, donde convirtió el agua en vino. Llevó a sus discípulos a Cesarea de Filipos (la antigua Panias y la moderna Banias). Predicó en las ciudades de Tiro y de Sidón, al sur del Líbano. Juan bautizaba al otro lado del Jordán, de modo que Jesús viajó a la otra orilla de este río, en lo que hoy es Jordania, para ser bautizado. Aunque algunos piensan que Jesús se transfiguró en el monte Tabor, es probable que este acontecimiento asombroso tuviese lugar en el monte Hermón (en el Líbano), dado que lo que en Israel se llaman montañas son en realidad colinas, y el único monte realmente "elevado" que se menciona en el Nuevo Testamento es el monte Hermón.

También está claro que Jesús acudió a Jerusalén en diversas ocasiones, la última de ellas durante su ministerio, la semana de su Pasión. Dado que era un judío practicante, seguramente viajó durante las diversas festividades judías, sobre todo la Pascua, Pentecostés y la Fiesta de los Tabernáculos, además de la Fiesta de la Dedicación. Esto le obligaría a viajar desde Capernaúm (su hogar) hasta Jerusalén varias veces al año.

7. ¿Cuándo murió Jesús?

Los académicos expertos en la Biblia han debatido sobre el año exacto de la muerte de Jesús, y han sugerido muchas opciones. Dependiendo de la credibilidad de las fuentes usadas para determinar la fecha de su muerte, los años propuestos han ido desde el 21 d. C. hasta el 36 d. C.[12] La fecha extrema del 21 d. C. se basa en una obra apócrifa conocida como *Hechos de Pilato*, y se puede rechazar porque tiene lugar antes de las fechas en que ejercieron los oficiales del juicio, Caifás el sumo sacerdote y el prefecto romano Poncio Pilato, que ocuparon esos cargos al mismo tiempo entre los años 26 d. C. y 36 d. C. La mayoría de comentaristas opta por una fecha entre los años 30 y 33 d. C. Por diversos motivos, creemos que la fecha del año 33 es la más probable.

Basándonos en un estudio de la armonización de los cuatro Evangelios con respecto a los diversos calendarios que usaban para calcular la fecha de la Pascua diversos grupos judíos y varias regiones geográficas, el día y la hora probables de la muerte de Jesús fueron el día catorceavo del mes judío de Nisán a las tres de la tarde.[13] El mes judío era lunar, y variaba entre los 29 y los 31 días. Un estudio de la evidencia astronómica para la gama de años establecidos anteriormente, entre el 26 y el 36 d. C., demuestra que el 14 de Nisán coincidió con un viernes en cuatro ocasiones: en los años 27, 30, 33 y 36 (el año 27 es posible pero improbable).[14] La fecha del año 36 se descarta porque en los Evangelios no se indica que el ministerio de Jesús durase seis años. Lucas 3:1-3 afirma que el ministerio de Juan el Bautista comenzó en el quinceavo año del reinado de Tiberio, que fue el año 29 d. C. Dado que Juan el Bautista fue un precursor de Jesús, el ministerio de este comenzó después del año 29, probablemente en verano u otoño de ese año.[15] Esto nos deja dos fechas posibles para la crucifixión, los años 30 y 33. Si aceptamos que el ministerio de Juan empezó en el año 29 y creemos también que el ministerio de Jesús duró tres años, como suele entenderse partiendo del texto bíblico, entonces el año 33 se vuelve el más plausible para la muerte de Jesús. Creemos que, cuando se estudian al mismo tiempo, los registros bíblicos, históricos y astronómicos nos ofrecen una fecha precisa. Jesús murió el viernes 3 de abril del año 33 d. C.

8. ¿Dónde murió y resucitó Jesús?

Los lugares de la muerte, la sepultura y la resurrección de Jesús han sido importantes para los cristianos durante los últimos dos mil años. Aunque, sin duda, la veracidad y el significado de estos sucesos tienen una gran importancia, la fe cristiana (a diferencia de muchas otras religiones mundiales), está profundamente vinculada a la historia. El Creador del universo se introdujo en su Creación en la persona del Hijo para redimir a todos los que creyesen en la salvación que ofreció en la cruz. Jesucristo resucitó de los muertos para demostrar que era indubitablemente el Hijo de Dios que tenía poder sobre la muerte, y podía ofrecer legítimamente la vida eterna a quienes creen en su nombre.

Dado que la realidad de esta oferta de Jesús depende de la realidad de su muerte en el año 30 o 33 d. C. (depende del punto de vista de cada uno), ¿dónde se produjeron su crucifixión, sepultura y resurrección? Durante la mayor parte de la historia de la Iglesia, ha habido un lugar considerado por tradición el punto de la muerte, la sepultura y la resurrección, situado dentro de la Iglesia del Santo Sepulcro. Sin embargo, en el siglo XIX se empezó a sugerir una alternativa, llamada el Calvario de Gordon, por el mayor-general británico Charles Gordon (1833-1885). Este lugar se ha adoptado como el lugar auténtico donde murió, fue enterrado y resucitó el Señor. Cuando uno visita el lugar tradicional de estos acontecimientos, situado en la Iglesia del Santo Sepulcro con toda su arquitectura, ornamentación, ceremonia y entorno, y lo compara con la simplicidad del Calvario de Gordon (también llamado la Tumba del Jardín), que está en medio de un hermoso jardín, en una colina que parece ligeramente un cráneo humano, y presenta una estructura identificable fácilmente como una tumba, esta segunda alternativa se ha vuelto muy atractiva (sobre todo para muchos protestantes).

¿Cuál de estos dos lugares, si lo es alguno de los dos, es el sitio donde tuvieron lugar los actos extraordinarios de Jesús entre un viernes y un domingo hace casi dos mil años? ¿Qué hace falta para que una localización encaje con las evidencias bíblicas, arqueológicas e históricas? El lugar de la crucifixión es más difícil de determinar, pero debe estar en un lugar cercano a la tumba, como uno de los requisitos propios del lugar de enterramiento. Examinemos primero el Gólgota, el "Lugar de la Calavera" (Mt. 27:33).

¿Qué quiere decir "lugar de la calavera"? ¿Es necesario encontrar una colina que se asemeje a un cráneo? Si es así, en la Iglesia del Santo Sepulcro no hay nada parecido, mientras que la Tumba del Jardín tiene una colina (hoy día un cementerio musulmán) que sí recuerda un tanto a una calavera. Esto parece respaldar la hipótesis de la Tumba del Jardín, fuera de la Ciudad Vieja. Cuando las Escrituras mencionan el Gólgota, el lugar de la calavera, en Mateo 27:33, ¿debemos entender que el lugar de la crucifixión parecía un cráneo o que era simplemente una forma de llamar a un lugar donde se crucificaba a los reos, un lugar donde yacían cráneos y huesos? La segunda opción parece más probable, porque un lugar que tuviera un aspecto como ese, y que se remonte a aproximadamente dos mil años, habría inducido a los cristianos a dejar testimonio sobre él, pero no hay ninguno. Si uno observa el estado actual de esta colina y la compara con fotografías de hace unos cien años, es evidente que la erosión ha provocado su posible similitud con un cráneo, pero, ¿hubiera tenido el mismo aspecto hace cientos de años, incluso en la época de Jesús? Los eruditos bíblicos y los arqueólogos están de acuerdo, por lo general, en que durante los últimos cientos de años esta zona se ha ido modificando debido a la excavación en la cantera, y que su aspecto se debe a esta actividad, además de a causas naturales.

¿Y qué hay de la Tumba del Jardín si la comparamos con la Iglesia del Santo Sepulcro? Actualmente la iglesia no tiene el sepulcro de Cristo, sino una pequeña capilla en la que supuestamente estuvo la presunta sepultura de Cristo antes de que la destruyeran a principios del siglo XI.[16] Hay una serie de requisitos que es necesario cumplir para satisfacer el relato bíblico sobre la tumba de Cristo:

1. Tenía que estar cerca del punto de la crucifixión.
2. Tenía que estar situada en un jardín.
3. Tenía que estar fuera de los muros de Jerusalén cuando Jesús fue crucificado a principios de los años 30 del siglo I.
4. Tenía que estar excavada en una cantera.
5. Tenía que ser una tumba excepcional, dado que pertenecía a un hombre rico.
6. Tenía que contar con una piedra rodante.
7. Tenía que contar con una cámara exterior y otra interior, si tenemos en cuenta los relatos bíblicos que hablan de las mujeres, los apóstoles y los ángeles en la tumba.

8. Tenía que ser una tumba nueva, es decir, tallada en el siglo I d. C.

La Tumba del Jardín satisface los requisitos del 1 al 4 y el 7. El punto 5 es cuestionable, dado que hay tumbas más grandes que la de ese jardín. El punto 6 es dudoso, dado que en ese lugar no se encontró una piedra rodante; además, el surco que hay delante de la tumba no iba destinado a una piedra corredera, sino que es una acequia que recorre toda la parte frontal de la tumba. El requisito 8 es el más importante, dado que no cabe duda de que la Tumba del Jardín fue construida en la época del primer templo, levantado cientos de años antes de Jesús y que formaba parte de una cantera de tumbas del siglo VIII a. C.; por lo tanto, no puede ser la tumba correcta, dado que Jesús fue depositado en una tumba recién construida.

La Iglesia del Santo Sepulcro no tiene muchas de las características que avalan la Tumba del Jardín, debido al hecho de que tanto la iglesia como la tumba fueron destruidas a principios del siglo XI por orden del califa fatimí Al-Hakim bi-Amr Allah. A pesar de ello, la tradición que respalda este lugar es poderosa y se remonta a principios del siglo II. El emperador Adriano, que intentaba erradicar el cristianismo y el judaísmo, construyó un templo dedicado a Venus en aquel lugar, un templo dedicado a Júpiter sobre el lugar que había ocupado el templo judío derruido y una capilla dedicada al personaje mitológico Adonis, amante de la diosa griega Afrodita, sobre la iglesia de la Natividad, señalando eficazmente esos lugares importantes para las generaciones futuras. Los padres de la Iglesia atestiguan que la Iglesia del Santo Sepulcro (que los ortodoxos griegos llaman la Iglesia de la Resurrección) fue el lugar donde se produjo la resurrección. Los requisitos necesarios para el lugar real de la tumba de Cristo también están presentes en la Iglesia del Santo Sepulcro. Está cerca del lugar de la crucifixión; según las investigaciones arqueológicas, en aquel punto había antes un jardín. Estaba fuera de las murallas de la ciudad en la época en que murió Jesús, y unos diez años más tarde se construyó un muro. Está emplazada en una cantera que se usó hasta el siglo I a. C. El pequeño edificio en el que está el sepulcro (en el siglo IV la tumba se separó de la piedra que la rodea) está cerca de las tumbas del periodo del segundo templo, y dispone de una cámara externa y otra interna.

En los últimos años ha habido algunos que han propuesto otro punto de enterramiento, que se conoce popularmente como "la tumba de la familia de Jesús", "la tumba de los diez osarios" o "la tumba de Talpiot" (Talpiot es un suburbio de Jerusalén). Esta tumba contenía osarios (urnas de piedra llenas de huesos) y, resumiendo, la hipótesis decía que, en virtud de las similitudes entre los nombres de algunos de los osarios y los nombres de familiares de Jesús, la tumba era el sepulcro de su familia. Parte de esta hipótesis sostiene que uno de los osarios era el de Jesús. Estas afirmaciones sensacionalistas se han refutado por completo, pero la idea sigue presente en los documentales propios de la cultura popular. Esta teoría presenta muchas lagunas, pero la mayor de ellas es que exige que la resurrección de Jesús fuera solamente espiritual, no física. Esta hipótesis carece de toda credibilidad. El estudioso del Nuevo Testamento Darrell Bock, que participó personalmente en la evaluación de las afirmaciones, escribe: "El hecho de que haya tan poca sustancia en esta hipótesis, y sin embargo haya creado tanta sensación, suscita la pregunta de si nuestra cultura está realmente preparada y dispuesta para aceptar las afirmaciones sobre Jesús que se han hecho con el transcurso de los siglos".[17]

Aunque no sabemos con seguridad en qué lugar fue crucificado, sepultado y resucitado Cristo, la evidencia defiende que el punto tradicional es el correcto, el que recordaron durante los siglos los primeros cristianos y el que acepta la mayoría de los cristianos después de casi dos mil años.

9. ¿Cómo interpretan los Evangelios los pasajes de las Escrituras relativos a Jesús?

Los apóstoles interpretaron los pasajes del Antiguo Testamento relativos al Mesías de la misma manera que lo hicieron los rabinos en el siglo I d. C., aunque fueron más prudentes en su uso de la metodología. Los rabinos y los apóstoles entendían de cuatro maneras los textos bíblicos:

1. El primer método interpretativo, que es el más extendido, es el enfoque *literal*, llamado *pshat*. Por ejemplo, el autor del Evangelio de Mateo interpreta que el nacimiento del Mesías en Belén, anunciado en Miqueas 5:2, se cumple en Mateo 2:5-6.
2. El segundo método de interpretación se puede expresar como *tipología*, llamada *remez*. Mateo 2:14-15 usa este enfoque. El éxodo de los hebreos desde Egipto fue un suceso histórico, no una profecía. Entonces, ¿cómo entendía Mateo este acontecimiento? Citó Oseas 11:1, que dice: "Cuando Israel era muchacho, yo lo amé, y de Egipto llamé a mi hijo". Esto no era una profecía, y Mateo lo sabía. El éxodo de los hebreos es un tipo del Dios que llama a Jesús, su gran Hijo, de Egipto.

3. El tercer método es *drash*, en el que el intérprete se concentra solamente en un punto de contacto entre una idea o un suceso originales y aplica la verdad del acontecimiento originario a una circunstancia nueva (*esto es aquello*). Por ejemplo, Herodes mató a los niños varones de menos de dos años que vivían en Belén. Mateo considera que este acto terrible de Herodes se parece a lo que dijo Jeremías en 31:15 sobre el lamento de las mujeres de Ramá. Raquel, madre del pueblo judío, representa a todas las mujeres judías que lloran por la pérdida de sus hijos, que son llevados al cautiverio en Babilonia y a los que ya no volverían a ver. De forma parecida, aquellas madres judías que perdieron a sus hijos en la matanza de Herodes ya no volverían a verlos. Existe similitud solo en un aspecto, que es el gran sufrimiento experimentado por esas madres. No es una interpretación literal, sino la aplicación de un punto de comparación.
4. La cuarta manera en la que se entendía el texto bíblico se llama *sod*, que significa "secreto", y mediante ella se combinan diversos pasajes bíblicos que enseñan una idea concreta y se presentan como un compendio para enseñar una verdad. Mateo 2:22-23 es un ejemplo de esto, donde Mateo dice: "…y vino y habitó en la ciudad que se llama Nazaret para que se cumpliese lo que fue dicho por los profetas, que habría de ser llamado nazareno". En el Antiguo Testamento no encontramos semejante afirmación. En lugar de hacer referencia a un texto bíblico concreto, el intérprete reúne y resume la verdad bíblica presente en diversos pasajes veterotestamentarios. Cuando uno examina

diversos pasajes del Antiguo Testamento que hablan del Mesías, descubre que este sería odiado y rechazado por su propio pueblo (Jn. 1:11), de modo parecido a cómo rechazaban a los nazarenos.[18]

10. ¿Qué idiomas hablaba Jesús?

Hasta hace pocas décadas, solía afirmarse que Jesús hablaba arameo como primera lengua, pero hoy día se admite que el hebreo también era un idioma hablado en la tierra de Israel durante la época de Jesús. Cuando los babilonios, que hablaban arameo, conquistaron al pueblo judío en el siglo VI a. C., no llevaron a todos sus habitantes al cautiverio. Quienes fueron exiliados a Babilonia adquirieron el arameo como idioma principal, pero el pueblo que quedó atrás siguió usando tanto el hebreo como el arameo, la "lengua franca" en aquella parte del mundo en aquel momento. Existen numerosas inscripciones en arameo, incluso en los alrededores de Jerusalén, de modo que sabemos que este idioma seguía influyendo en la nación en tiempos de Jesús, pero también hay muchas inscripciones en hebreo. Los rollos de Qumrán, que se escribieron entre el siglo II a. C. hasta aproximadamente el año 70 d. C., usaron exclusivamente el hebreo en sus documentos sectarios, por no mencionar las Escrituras hebreas que copiaron. Es muy probable que Jesús aprendiera hebreo y arameo, pero, ¿qué hay de las otras lenguas?

Cuando Alejandro Magno conquistó el Oriente Próximo antiguo en torno al año 330 a. C., el griego empezó a ser un idioma popular, incluso en Israel, pero sobre todo en Galilea, situada en el extremo norte del país. Siguió siendo una fuerza poderosa en la Galilea en la que vivió Jesús, y es improbable que Él no estuviera al menos familiarizado con esta lengua.

Por último, los romanos entraron en Israel en el año 63 a. C., para resolver una disputa entre facciones opuestas, pero ya no se fueron. Su presencia en la tierra, como es lógico, hizo que los judíos y los griegos quedasen expuestos al latín. Por consiguiente, seguro que Jesús, como judío, conocía el latín que hablaban los soldados romanos. Además, vivía en Nazaret (donde estaba estacionado un destacamento romano), ciudad que estaba cerca de Sefaris, capital de la región de Galilea (más tarde trasladada a Tiberíades). Se cree que es posible que Él y su padre adoptivo, José, trabajaran en Sefaris. Por lo tanto, Jesús habría mantenido un contacto regular con el latín.

Entonces, ¿qué idiomas hablaba Jesús? Es probable que hablara hebreo y arameo con regularidad, y que conociera palabras griegas y latinas propias del comercio y las relaciones sociales.

SEGUNDA PARTE

La persona de Jesús según la Biblia

11. ¿Dónde estaba Jesús antes de su nacimiento?

Al hablar de Jesús, debemos recordar que es distinto a cualquier otra persona que haya existido, porque fue un ser no creado que ha existido desde toda la eternidad. Tiene vida propia y, junto con el Padre y el Espíritu Santo, es el Dios eterno, infinito. El Hijo eterno de Dios adoptó la naturaleza humana plena sin dejar de ser totalmente Dios. Hay diversos pasajes de las Escrituras que nos ofrecen datos sobre el Cristo preexistente. El apóstol Juan, en su Evangelio, empieza diciendo: "En el principio era el Verbo, y el Verbo era con Dios, y el Verbo era Dios" (Jn. 1:1). Este versículo es clave para entender la persona de Jesús con referencia a su deidad. Cuando tuvo lugar el principio, es decir, la Creación, Jesús ya existía, lo cual significa que nunca tuvo un principio. Luego Juan dice que Jesús, el Logos (Verbo), estaba con Dios antes de la encarnación (habla de esto en el v. 14). Sin embargo, la preposición *con* no dice solamente que estaba junto a alguien o en la presencia de una persona; más bien, el término griego significa "hacia". Jesús estaba frente al Padre desde toda la eternidad, manteniendo una estrecha relación con Él. Esto se parece a la enseñanza de Juan 1:18, cuando dice que el Hijo estaba en el seno del Padre, y que Él es el unigénito Dios. Estas palabras nos recuerdan la enseñanza del Credo de Nicea, cuando dice que el Hijo es "Dios verdadero de Dios verdadero". El Hijo es engendrado del Padre desde toda la eternidad, pero adopta la naturaleza de un ser humano, para entregarse por nosotros como siervo y salvador. Para que no lo entendamos mal, Juan añade las palabras "el Verbo era Dios". Desde antes del principio estuvo en comunión con Dios (Padre, cp. 1 Juan), y era Dios. Todo esto sucedió antes de hacerse hombre. Jesús, en su oración al Padre de Juan 17, subraya que deseaba ser glorificado por el Padre con la gloria que había disfrutado con Él antes de la fundación del mundo (Jn. 17:5).

El apóstol Juan sigue diciendo, en el capítulo 1 versículo 3: "Todas las cosas por él fueron hechas, y sin él nada de lo que ha sido hecho, fue hecho". Este mismo pensamiento lo reitera Pablo en Colosenses 1:15-16, donde dice que Jesús es la imagen de Dios y el "primogénito" (el concepto en griego) de toda la Creación, porque todas las cosas fueron creadas por Él y para Él. Por consiguiente, si el Hijo fue el creador de todas las cosas que no son Dios y existía con el Padre antes de la Creación (el tiempo, el espacio, la materia y la esfera espiritual, según Col. 1:16), es evidente que era Dios en cuanto a su naturaleza e Hijo en cuanto a su persona, antes de su nacimiento.

Esto nos lleva a otra pregunta, que es cuándo se hizo Jesús Hijo de Dios. La enseñanza bíblica nos dice que siempre fue Hijo de Dios, y que no pasó a serlo en el momento en que nació de María. El Padre entregó a su Hijo como Salvador del mundo; no entregó a una persona genérica de la Deidad para que se convirtiera en Hijo de Dios por medio de su nacimiento, bautismo o resurrección. El Mesías del que habla Isaías 7:14, que nacería de una virgen, es el mismo Hijo de Isaías 9:6, que es Dios poderoso y Padre de la eternidad antes de asumir la humanidad (Fil. 2:5ss). No se convirtió en Hijo durante su bautismo, sino que se identificó como el Hijo de Dios cuando empezó su ministerio público. Tampoco se hizo Hijo de Dios en la resurrección, sino que, según Pablo, fue declarado Hijo de Dios debido a ella. Esto es especialmente claro cuando Jesús se identifica como el "yo soy" en Juan 8:58. Antes de que Abraham existiera (dos mil años antes), Jesús ya existía. Mil cuatrocientos años antes del nacimiento del Jesús terrenal, Moisés conoció a YO SOY en el monte Sinaí. Llevaba observando al pueblo de Israel en Egipto casi cuatrocientos años (cp. Gn. 15), y escuchando su lamento, de modo que había acudido para darles libertad. Este es Jesús, Dios con nosotros, pero ahora no se manifiesta en las formas poderosas de una zarza ardiente, una columna de fuego o un mar dividido en dos; vino como hombre para mostrarnos, por medio de su sufrimiento, el camino a una relación con Dios.

12. ¿Cómo se relaciona Jesús con la Trinidad?

Jesús no es solo un humano en todos los aspectos, sino que también es plenamente Dios; por lo tanto, es una de las personas de la santa Trinidad. La asociación de Jesús con el Padre queda clara en el Nuevo Testamento, donde Jesús afirma tener una relación con el Padre que no está disponible para cualquier humano corriente. Él estuvo con el Padre desde la eternidad (Jn. 1:1); fue el creador del universo (Col. 1:16-17); Él y el Padre comparten la misma naturaleza divina (Jn. 10:30; Col. 2:9). Estos ejemplos, y muchos otros, nos demuestran que Jesús es un solo Dios con el Padre y el Espíritu Santo.

Lo que necesitamos explicar es cómo funciona esta relación en lo que se conoce como las obras internas y las obras externas de la Deidad; lo que nos interesa es lo primero. ¿Qué función tiene el Hijo de Dios dentro de la Trinidad, y cómo actúa junto con el Padre y el Espíritu Santo en relación con la creación? Examinemos las diversas obras de los miembros de la santa Trinidad en relación unos con otros.

Las tres personas de la Trinidad comparten todo el ser de Dios sin separación alguna, pero son distintas entre sí. Por ejemplo, todo lo que el Padre sabe o elige como Dios es lo que el Hijo o el Espíritu Santo también sabe o elige. Todos los atributos de Dios, de igual manera, son la posesión completa de cada miembro de la Deidad, pero el modo en que las personas se relacionan entre sí en el ejercicio de sus atributos puede variar. Por eso, los tres miembros de la Trinidad participan en nuestra salvación como Dios, pero cada miembro tiene una relación diferente con esa salvación: el Padre opta por salvar a la humanidad y envía al Hijo; el Hijo viene al mundo y se entrega como sacrificio; el Espíritu procede del Padre y del Hijo para convencer de pecado, juzgar y regenerar a los humanos que serán salvos.

El Padre engendra al Hijo desde toda la eternidad. Esto quiere decir que la existencia del Hijo nunca ha tenido principio, y que desde la eternidad ha mantenido una relación filial con el Padre. A los humanos nos cuesta entender a un Dios autoexistente que es la primera causa de toda la creación (todo lo que NO es Dios), incluyendo el tiempo, el espacio y toda la realidad espiritual y física. El Padre compartió la gloria con el Hijo ya antes de que empezara el mundo, y ha amado al Hijo desde la eternidad. Cuando el Padre, en la eternidad, decretó o decidió salvar a la humanidad pecadora, en esa eternidad decidió enviar a su Hijo para ser el Salvador (Jn. 3:16). No envió a Jesús y luego decidió que sería Salvador. Jesús siempre ha sido aquel que sería Salvador, y entró en este mundo creado para realizar su misión.

El Hijo es igual al Padre y al Espíritu Santo en todo lo relativo a los atributos del ser de Dios y, sin embargo, difiere de las otras dos personas desde el punto de vista relacional. Por ejemplo, el Padre, el Hijo y el Espíritu Santo comparten la misma omnipotencia, pero el Hijo está sometido al Padre en su relación, y el Espíritu Santo es enviado por el Padre por medio del Hijo, y aparentemente está sometido a ambos. Una vez más, esto solo es así en lo que respecta a su relación intratrinitaria, y no connota ningún tipo de inferioridad respecto a su naturaleza divina.

13. ¿Afirmó Jesús que era Dios?

La deidad de Jesús el Mesías se ha creído firmemente desde la fundación de la Iglesia cristiana. La confesión de Pedro en Cesarea de Filipo (en la que, mediante la revelación del Padre, declaró que Jesús era el Mesías, el Hijo del Dios viviente [Mt. 16:16]), la respaldó más adelante cuando habló de "la justicia de nuestro Dios y Salvador Jesucristo" (2 P. 1:1). La misma creencia aparece repetidamente en el Nuevo Testamento, en boca de apóstoles como Tomás (Jn. 20:28), Pablo (Ro. 9:5; Tit. 2:13) y Juan (Jn. 1:1, 18; Ap. 1:8; 21:6; 22:13). Tras el periodo de los apóstoles, los padres de la Iglesia siguieron defendiendo la misma creencia, como lo hicieron los credos y las confesiones posteriores de la Iglesia hasta el momento presente.

Pero, ¿qué hay de Jesús? ¿Se limitaron las personas a atribuirle el mismo estatus que a Dios Padre, de modo que también Él fuera el verdadero Dios de Israel y del mundo, o el propio Jesús declaró también que era Dios? Hay una serie de pasajes en el Nuevo Testamento que demuestran que Jesús se identificó como alguien igual a Dios Padre, y que declaró también que era Dios.

Un pasaje muestra la reacción violenta del pueblo. Cuando Jesús dijo a la multitud que Abraham había esperado que llegara su día y se alegró por ello, el pueblo respondió que Jesús tenía menos de cincuenta años (Jn. 8:57) y, por tanto, ¿cómo podía conocer a Abraham? Jesús contestó: "Antes de que Abraham fuese, yo soy" (Jn. 8:58). Al escuchar esas palabras, la gente tomó piedras para lapidarle, porque era evidente que Jesús se había identificado con Yahvé, el Dios de Israel. Moisés se encontró con el Dios libertador en el monte Sinaí, en el que Dios le dijo que él era el YO SOY (Éx. 3:14), y ahora Jesús había hecho la misma afirmación. Los presentes no tuvieron ninguna duda respecto a la afirmación de Jesús, y su reacción natural fue apedrearle por blasfemo (Jn. 8:59).

En Juan 10:30, Jesús declara que Él y el Padre son uno. Hemos de leer cuidadosamente este texto, dado que a primera vista podría parecer que lo único que dice es que Jesús y el Padre tenían un mismo propósito. Más literalmente, el texto dice: "Yo y el Padre, somos una sola cosa". Semejante declaración, afirmar que uno mismo y el Padre eran la misma persona, se consideraba una blasfemia. Sin embargo, aquí tenemos una distinción importante y una identificación de su persona y de su ser. El Padre y el Hijo son personas diferentes, pero comparten exactamente el mismo ser. La reacción de la multitud, como en Juan 8, era de esperar y resulta razonable si Jesús no era quien afirmaba ser. Fijémonos en la situación dramática: "Entonces los judíos volvieron a tomar piedras para apedrearle. Jesús les respondió: Muchas buenas obras os he mostrado de mi Padre; ¿por cuál de ellas me apedreáis? Le respondieron los judíos, diciendo: Por buena obra no te apedreamos, sino por la blasfemia; porque tú, siendo hombre, te haces Dios" (Jn. 10:31-33). Jesús dio una enseñanza clara, y ellos la entendieron debidamente.

Siguiendo la misma línea, Jesús proclama que está a la misma altura de Dios Padre en su obra, algo que ninguna persona normal, sobre todo un judío, diría en su vida: "Mi Padre hasta ahora trabaja, y yo trabajo" (Jn. 5:17). Esta no es una afirmación de poca importancia para un judío comprometido como era Jesús y, por tanto, la multitud quiso matarle por lo que había dicho: "Por esto los judíos aun más procuraban matarle, porque no sólo quebrantaba el día de reposo sino que también decía que Dios era su propio Padre, haciéndose igual a Dios" (Jn. 5:18).

Las palabras que salían de los labios de Jesús no eran lo único que afirmaba su deidad; sus obras también lo hacían. Cuando calmó la tormenta en el mar de Galilea, la respuesta de los apóstoles fue bastante distinta a la de la multitud que quería apedrear a Jesús. Sus discípulos exclamaron: "Verdaderamente eres Hijo de Dios" (Mt. 14:33). Los seres espirituales también eran muy conscientes de quién era el Señor del universo, y cuando se encontraban con Jesús reconocían su poder para expulsarlos, y le concedían el respeto que merecía: "Y los espíritus inmundos, al verle, se postraban delante de él, y daban voces, diciendo: Tú eres el Hijo de Dios" (Mr. 3:11). En otra ocasión, Jesús perdonó los pecados a un paralítico, una afirmación que provocó la recriminación inmediata de quienes le oyeron: "Al ver Jesús la fe de ellos, le dijo al paralítico: Hijo, tus pecados te son perdonados. Estaban allí sentados algunos de los escribas, los cuales cavilaban en sus corazones:

¿Por qué habla éste así? Blasfemias dice. ¿Quién puede perdonar pecados, sino sólo Dios?" (Mr. 2:5-7). Los escribas que respondieron no se equivocaban en su valoración; solo Dios puede perdonar los pecados. En lo que se equivocaban era en que no admitían que la persona que estaba ante ellos no era un mero hombre, al que podían ver con sus ojos, sino Dios, a quien no veían con los ojos de la fe. Dado que el perdón de los pecados no se podía contemplar con los ojos físicos, Jesús también sanó al hombre de su enfermedad, declarando luego: "¿Qué es más fácil, decir al paralítico: Tus pecados te son perdonados, o decirle: Levántate, toma tu lecho y anda? Pues para que sepáis que el Hijo del Hombre tiene potestad en la tierra para perdonar pecados (dijo al paralítico): A ti te digo: Levántate, toma tu lecho, y vete a tu casa" (Mr. 2:9-11).

Solamente una prueba más de que Él era realmente Dios fue pronunciada por Jesús al pueblo, y se trata de sus palabras cuando se presentó delante del sumo sacerdote durante su juicio ante el sanedrín. El sumo sacerdote insistió en que Jesús admitiera claramente si se consideraba Hijo de Dios. Fijémonos en las palabras del Evangelio de Mateo, cuando el sumo sacerdote preguntó sobre ese título, Hijo de Dios. Jesús responde con una designación de sí mismo (basada en Dn. 7:13-14) como Hijo del Hombre: "Entonces el sumo sacerdote le dijo: Te conjuro por el Dios viviente, que nos digas si eres tú el Cristo, el Hijo de Dios. Jesús le dijo: Tú lo has dicho; y además os digo que desde ahora veréis al Hijo del Hombre sentado a la diestra del poder de Dios, y viniendo en las nubes del cielo" (Mt. 26:63-64; ver el paralelo en Lc. 22:69-71). La designación que hizo Jesús de sí mismo como Hijo del Hombre zanjó el asunto para el sumo sacerdote y para los demás miembros del Sanedrín. Declararse Hijo del Hombre, que era un título de Dios que solo aparece en boca de Jesús en todo el Nuevo Testamento, recuerda al Hijo del Hombre en Daniel 7:13-14, un pasaje muy conocido para sus oyentes. No ignoraron aquella referencia, y consideraron blasfemas sus palabras. Tampoco pasaron por alto el impacto de su afirmación. Le juzgaban, pero Él les decía que un día volvería de los cielos para juzgarlos a ellos.

Entre muchas otras evidencias que podríamos aducir, veamos las palabras de Jesús en el último libro de la Biblia. Juan presenta al Dios Todopoderoso como el Alfa y la Omega, el Yo soy ("el que es y que era y que ha de venir", Ap. 1:8). Sin embargo, más adelante en ese libro, el Jesús resucitado declara ser también el Alfa y la Omega, el principio y el fin, el primero y el último (Ap. 21:6; 22:13). Esta afirmación solo puede hacerla alguien que se considerase el Dios Creador, soberano del universo, y Jesús afirmó que era ese Dios.

14. ¿Fue Jesús humano de verdad?

Sectas heréticas en Egipto, los gnósticos, negaron la humanidad de Cristo, y los ebionitas negaron su deidad. Pero durante los primeros siglos de la Iglesia el debate no se centraba en si Jesús era Dios u hombre, sino en cómo se relacionaban entre sí estas dos naturalezas, y en el vínculo entre la naturaleza del Hijo y la de Dios (ver la pregunta 12). Lamentablemente, la cuestión de la unión hipostática, cómo se dan dos naturalezas en una sola persona, se convirtió en un debate problemático dentro de la Iglesia. Debido a esto, debemos abordar la cuestión de si Jesús es real y plenamente humano, para conservar la pureza de la doctrina eclesial y el honor de Jesucristo.

Negar la humanidad del Señor Jesús supone poner gravemente en duda la legitimidad de su muerte sacrificial y levantar un obstáculo importante para nuestra salvación. De la misma manera que Pablo sostuvo en 1 Corintios 15 que si Jesús no resucitó físicamente de los muertos, nuestra fe es en vano y seguimos en nuestros pecados; si Jesús no fue un verdadero humano, su muerte tampoco es suficiente para salvar, sobre todo si la persona del Hijo no es Dios de verdad. Fue necesario que el Dios absolutamente santo entrara en la existencia humana para ofrecerse como el sacrificio perfecto y sin mancha con objeto de satisfacer la afrenta contra sí mismo, y pagar por el pecado de la humanidad.

Como persona realmente humana, Jesús sabe por experiencia cuáles son nuestras luchas y puede identificarse de verdad con ellas. Si solo fuera humano en parte, su intercesión como sumo sacerdote y mediador entre Dios y los hombres sería incompleta e ineficaz.

El texto bíblico nos ofrece numerosas evidencias de que Jesús no era humano parcialmente, sino que lo era por completo. En Mateo descubrimos que antes de que José y María tuvieran relaciones sexuales, ella quedó embarazada por la obra del Espíritu Santo (Mt. 1:18). Lucas añade más información: que el nacido sería el Hijo del Altísimo y reinaría para siempre sobre el trono de David (Lc. 1:26-33). Por lo tanto, con referencia a su humanidad, Jesús fue un muchacho judío del linaje de Abraham y de David (Mt. 1:1-17), y como todos los varones judíos, fue circuncidado al octavo día de vida según requería la ley de Moisés (Lc. 2:22-24). Además, como los otros niños judíos, acudía a las festividades (Lc. 2:41-42) y observaba el día de reposo (Mr. 1:21; Lc. 6:6), como haría durante el resto de su vida terrenal (Mt. 26:18; Jn. 2:13; 7:2; 10:22-23), a pesar de que discrepaba en parte de la tradición rabínica.

Aunque el Hijo de Dios era verdadero Dios, la persona, en su humanidad, tenía sus limitaciones.

En ocasiones tuvo hambre (Mt. 4:2; Mr. 2:15-16), y se cansaba y necesitaba reposo (Jn. 4:6). Otras veces ignoraba algo (Mt. 13:32). Aparte de esto, tenía emociones humanas, como la compasión, la ira y la tristeza (Mt. 8:10; 9:36; Lc. 19:41; Jn. 2:13-17; 11:33-35; 12:27).

Además, como hombre pero no como Dios, Jesús era mortal, padeció tremendamente y murió en una cruz (Jn. 19:1; Lc. 23:33; Jn. 19:18). Esta muerte no supuso el final de la persona de Jesús, de la misma manera que nuestra muerte no acabará con nosotros como personas; la muerte de Jesús tampoco fue el final de Jesús como Dios. En lugar de eso, en el momento de morir su cuerpo humano se separó, como hará el nuestro, del espíritu y la persona humanos. La resurrección posterior de su cuerpo reunió estos elementos humanos en un cuerpo poderoso e incorruptible, el modelo de nuestros cuerpos resucitados (Lc. 24:1-3, 36-43). Jesús fue realmente humano.

15. ¿De verdad nació Jesús de una virgen?

El nacimiento virginal de Jesús ha sido crucial para las creencias de la Iglesia desde los primeros tiempos. Se basa en pasajes bíblicos concretos que hallamos en los libros de Isaías y Mateo, pero también es un requisito de la alta cristología de la ortodoxia cristiana. Jesús es Dios y hombre, de modo que si Jesús hubiera sido el producto de una relación sexual normal entre María y José, se pondría en peligro la enseñanza de la introducción de Dios en la existencia humana. El nacimiento virginal se ha defendido siempre debido a este motivo crucial. A esto se debe también que los escépticos se hayan centrado en desacreditar esta enseñanza y en desvirtuar el carácter moral de María y, como resultado, la integridad de la persona de Cristo.

El profeta Isaías profetizó en el siglo VIII a. C. que

nacería un niño de una virgen. Esta profecía fue la respuesta a la actitud renuente de Acaz para pedirle una señal espectacular tan alta como los cielos o tan profunda como el Seol. Dado que Acaz no quería pedir, Yahvé le dijo que le ofrecería una señal: a saber, que una virgen daría a luz, algo que ciertamente no es habitual. De hecho, esto encaja con el tipo de señal que Yahvé ha pedido. Fijémonos en las palabras del profeta:

> Habló también Jehová a Acaz, diciendo: Pide para ti señal de Jehová tu Dios, demandándola ya sea de abajo en lo profundo, o de arriba en lo alto. Y respondió Acaz: No pediré, y no tentaré a Jehová. Dijo entonces Isaías: Oíd ahora, casa de David. ¿Os es poco el ser molestos a los hombres, sino que también lo seáis a mi Dios? Por tanto, el Señor mismo os dará señal: He aquí que la virgen concebirá, y dará a luz un hijo, y llamará su nombre Emanuel (Is. 7:10-14).

Algunos han dudado de que en este pasaje Isaías estuviera hablando del nacimiento virginal. Sostienen que el término hebreo *betula*, que siempre significa "virgen", no se usa en Isaías 7:10-14. Lamentablemente para este punto de vista, esta supuesta palabra técnica para *virgen* se encuentra en un pasaje que habla de una viuda (Jl. 1:8), y en Génesis 24:16 se precisa que "a la que varón no había conocido". Dentro de la literatura cananea (ugarítica), este término se usa para hablar de la diosa Anath, que no era precisamente una virgen.[1] Por otro lado, *almah*, en lugar de significar meramente "mujer joven", en diversos lugares del Antiguo Testamento se refiere claramente a una virgen (Cnt. 1:3; 6:8; Gn. 24:43; Éx. 2:8; Pr. 30:19). En lugar de seguir discutiendo sobre los usos de estos términos, baste decir que los traductores del Nuevo Testamento en griego usaron la palabra griega *parthenos*, un vocablo técnico para hablar de alguien que no ha mantenido relaciones sexuales, como traducción de la palabra hebrea *almah* (Mt. 1:22-23).[2]

Lo que es más importante, el apóstol Mateo, en su Evangelio, consideró que este pasaje de Isaías se cumplió literalmente en la concepción y el nacimiento de Jesús el Mesías. Cita el texto de Isaías 7:14 del Antiguo Testamento en griego y, para que no hubiera malentendidos, Mateo (1:24-25) añade: "Y despertando José del sueño, hizo como el ángel del Señor le había mandado, y recibió a su mujer. *Pero no la conoció* [no tuvo relaciones sexuales con ella] hasta que dio a luz a su hijo primogénito; y le puso por nombre JESÚS" (cursivas añadidas).

El Evangelio de Lucas también confirma el nacimiento virginal en Lucas 3:23, donde vemos la afirmación relativa a Jesús en la siguiente genealogía, a saber: "Jesús... era... hijo, según se creía, de José". Según la gramática griega de este pasaje, esta afirmación de "según se creía" solo puede estar relacionada con José, y no con el comentario "de treinta años".

Por último, Jesús no podía haber nacido físicamente del linaje de José, dado que en el Antiguo Testamento se maldijo ese linaje, pero sí podía nacer del linaje de María, de Natán, al que pertenecía, lo cual le cualificaba como descendiente físico de David por medio de María, y como hijo legal de David por medio de José. Esto era necesario dado que Yahvé había lanzado una maldición sobre la descendencia de Jeconías: que ningún hijo del linaje de Salomón por medio de él se sentaría en el trono de David (Jer. 22:30). Si Jesús hubiera pertenecido al linaje de José, habría quedado descalificado para el puesto.

16. Al hacerse hombre, ¿dejó Jesús de ser Dios en algún sentido?

La enseñanza ortodoxa relativa a Jesús ha afirmado que Jesús era plenamente Dios y plenamente hombre. Esto incluye la totalidad de su vida terrenal, y perdura para siempre. Muchos han intentado confesar esta enseñanza importante de la Iglesia, pero, al intentar reconciliar los atributos y las obras divinas y humanas de Cristo, han adoptado lo que se conoce como "la herejía kenótica". Básicamente, este punto de vista defiende que cuando el Hijo se revistió de la naturaleza humana, desapareció o quedó limitado un aspecto esencial de su naturaleza divina. El motivo de esta teoría tiene que ver con el término *ekenosin*, que significa "vaciarse". Según esta teoría, Jesús se despojó de algo cuando se hizo hombre. Sus defensores han explicado exactamente de qué se despojó recurriendo a las siguientes soluciones. A medida que desciende la lista, la postura resulta menos ofensiva para la ortodoxia:

1. Se despojó de su *consciencia divina*, dejando a un lado su divinidad para volverse hombre.
2. Se despojó de la *forma existencial eterna*, cambiando durante un tiempo su forma eterna de Dios, quedando así limitado a la naturaleza humana e incapaz de ejercer atributos divinos.
3. Se vació de *los atributos relativos de la deidad*, como la omnipotencia y la omnisciencia, pero conservó otros atributos como la verdad, la santidad y el amor.
4. Se vació de la *integridad de la existencia divina infinita*, de modo que no era consciente de los atributos de la naturaleza divina, llevando una doble vida.
5. Se despojó de la *actividad divina*, entregando

al Padre todos los roles y deberes divinos, de modo que no conoció ni experimentó la actividad del ser de Dios.

6. Se despojó del *ejercicio real de las prerrogativas divinas*, reteniendo solo la potencialidad de los atributos divinos pero no el acceso real a ellos.

También existen dos teorías sub-kenóticas que han sostenido algunos, y que tampoco están a la altura de la enseñanza bíblica:

1. Se vació del *uso de los atributos divinos*, poseyéndolos pero optando por no ejercerlos.
2. Se despojo del *ejercicio independiente de los atributos divinos*, de modo que el Hijo siempre poseyó los atributos de Dios y los ejerció, pero siempre dependiendo del Padre y del Espíritu, nunca en virtud de su propia deidad.

Cada una de las teorías anteriores acepta en cierta medida que, cuando Jesús se hizo hombre, perdió una parte de Dios, aunque el grado en que sucedió esto va creciendo a medida que ascendemos hacia la cabecera de la lista.

Un pasaje principal que aborda este tema es Filipenses 2:5-8, que dice: "Haya, pues, en vosotros este sentir que hubo también en Cristo Jesús, el cual, siendo en forma de Dios, no estimó el ser igual a Dios como cosa a que aferrarse, sino que se despojó a sí mismo, tomando forma de siervo, hecho semejante a los hombres; y estando en la condición de hombre, se humilló a sí mismo, haciéndose obediente hasta la muerte, y muerte de cruz". En este pasaje, el apóstol intenta exhortar a sus oyentes a desarrollar una actitud de humildad al seguir el ejemplo de Jesús. El Señor ocupaba una posición muy superior a la de los oyentes de Pablo, y sin embargo se hizo humilde; sin duda los cristianos, teniendo una posición tan inferior respecto a la de Jesús, deberían manifestar humildad.

Para demostrar esta idea, el apóstol menciona que Jesús existió "en forma de Dios", una expresión griega que indica que tenía la misma naturaleza y esencia de la deidad. Dentro de la teología cristiana, no se puede ser Dios solo en parte. Por ejemplo, Dios no puede ser parcialmente omnisciente, omnipresente o un Dios infinito que también es finito. Los atributos de Dios, compartidos por igual por las tres personas, deben ser eternos, reales y activos. Siendo así, Jesús no podía dejar de ser Dios y de actuar como tal. Aunque era Dios en todos los aspectos y era igual como persona a los otros miembros de la Trinidad, se despojó a sí mismo. Fijémonos que no estamos diciendo que se vació de algo, sino solo que se despojó. Esto no es más que un término usado para expresar la traslación de la persona divina a la humanidad. De hecho, *despojó* es un verbo, y lo que viene después es un participio en griego que explica cómo se produjo ese vaciamiento o despojamiento. Se vació tomando la forma de un esclavo, adoptando la semejanza de los hombres.

Cuando Jesús como persona actuó como ser humano en el mundo, con todas estas limitaciones, esa misma persona actuaba simultáneamente como Dios en la tierra y en el cielo. Mientras estaba en su existencia física, dijo: "Mi Padre hasta ahora trabaja, y yo trabajo" (Jn. 5:17), realizando actos divinos aun siendo hombre. Dijo que el Hijo del Hombre tiene poder en la tierra para perdonar los pecados (Lc. 5:24), algo que solo Dios puede hacer. Cuando calmó las aguas y la tormenta en el lago de Galilea (Mr. 4:39), actuó como el Dios de la creación, mediante la instrumentación humana. Por último, antes de su muerte, dijo: "Yo pongo mi vida, para volverla a tomar" (Jn. 10:17). Gracias a su poder como Dios, controló su propia muerte y resurrección, resucitándose a sí mismo. Sin embargo, también entendemos que el Padre participó en la resurrección como Dios, igual que lo hizo el Espíritu, pero esto no menoscaba de ninguna manera el hecho de que Jesús usó su *propia* prerrogativa divina para realizar ese acto. En resumen, Jesús es plenamente Dios y plenamente hombre, y opera en cada naturaleza con integridad, actuando en cada una de ellas de acuerdo con la capacidad que tienen.

17. ¿En qué sentido entendía Jesús la expresión *Hijo del Hombre*?

La expresión *Hijo del Hombre* se usa 88 veces en el Nuevo Testamento, y Jesús solamente la emplea cuando habla de sí mismo. Aunque esta expresión se usa 107 veces en el Antiguo Testamento, el modo en que la utiliza Jesús está vinculado a la referencia en Daniel 7:13, donde alguien "como un hijo de hombre" se presenta ante Dios, a quien se le llama "el Anciano de días". La descripción del Hijo del Hombre indica a una persona muy superior a un humano corriente; se trata de alguien con cualidades divinas, y que está delante de la presencia de Dios. Al Hijo del Hombre se le entrega el reino, la gloria y el dominio eternos (Dn. 7:13-14). Esta regla es parecida a la que observamos en Isaías 9:6-7, en la que al hijo nacido también se le entrega el trono del rey David y el honor propio del mismo. Esto es un paralelo al modo en que se presenta a Jesús en el Nuevo Testamento. A esta persona increíble, divina, se le entrega un reino eterno que surge del linaje davídico.

Por consiguiente, el uso de "Hijo del Hombre" en

el Nuevo Testamento refleja esta idea de Hijo, sobre todo la del pasaje de Daniel, más que cualquier otro uso en el Antiguo Testamento. Cuando Jesús sana a un paralítico y ve su fe, declara perdonados los pecados de aquel hombre (Mt. 9:2). A oídos de quienes le escuchaban, Jesús acaba de blasfemar, pero el Señor responde: "Pues para que sepáis que el Hijo del Hombre tiene potestad en la tierra para perdonar pecados (dice entonces al paralítico): Levántate, toma tu camilla y vete a tu casa" (Mt. 9:6). En otra ocasión, Jesús se llama a sí mismo Hijo del Hombre y afirma que, en esa condición, tiene vida en sí mismo (Jn. 5:26), y que se le ha dado autoridad para juzgar porque es el Hijo del Hombre (Jn. 5:27). Podríamos dar muchos otros ejemplos, pero examinaremos solamente uno más, quizá el más significativo, dado que la identificación que hace Jesús de sí mismo como Hijo del Hombre delante del sanedrín fue lo que le condenó a muerte.

Caifás, el sumo sacerdote, intenta hacer que Jesús responda ante las acusaciones de testigos falsos, y Jesús no lo hace; entonces le pregunta directamente: "¿Eres tú el Cristo, el Hijo del Bendito [un eufemismo de Dios]?", a lo que Jesús contesta: "Yo soy". Pero tras esta confesión, añade: "y veréis al Hijo del Hombre sentado a la diestra del poder de Dios, y viniendo en las nubes del cielo" (Mr. 14:62). El hecho de admitir ser el Mesías no acarreaba por sí solo la acusación de blasfemia, pero la afirmación adicional de ser el Hijo del Hombre, sí. Afirmar ese tipo de asociación con Dios que se entendía como cierta en el título usado por Daniel, *Hijo del Hombre*, era una blasfemia. Las palabras adicionales de Jesús dejan claro que esa era la conexión que entendían tanto Él como el sanedrín: "y veréis al Hijo del Hombre sentado a la diestra del poder de Dios, y viniendo en las nubes del cielo" (Mr. 14:62). No podía haber confusión alguna: Jesús afirmaba identificarse con el Hijo del Hombre de Daniel 7:13, una figura divina que, de hecho, juzgaría a todos aquellos que, en su presunción, intentaban juzgarle.

18. ¿Qué nombres recibe Jesús en la Biblia?

El nombre *Yeshua'*, del que se deriva *Jesús*, era muy popular en el siglo I d. C., y es la primera designación de la que hemos de hablar al estudiar la segunda persona de la Trinidad, tanto si hablamos de su deidad como de su humanidad. Sin embargo, Jesús tiene muchos otros nombres. En ocasiones, la diferencia en los nombres tiene que ver con si hablamos del Hijo de Dios en referencia a su naturaleza y a sus obras divinas o a su naturaleza humana. Sus nombres son demasiados como para abordarlos todos en un estudio breve, e incluso hay demasiadas cosas que podríamos escribir sobre los que incluimos aquí. Examinemos algunos de los más conocidos y, a menudo, los más importantes de nuestro Dios y Salvador, Jesús el Mesías.

A Jesús se le conoce como *Hijo de Dios*. Este título hace referencia a su estatus eterno y a su relación con el Padre desde la eternidad. También ha sido el Hijo del Padre desde antes del inicio de los tiempos. Entonces, la persona que era el Hijo de Dios añadió la naturaleza humana a su persona, pero sin dejar de ser Hijo de Dios.

Jesús es también el *Hijo del Hombre*, pero esta designación no significa tan solo que fue un ser humano. Más bien, este título lo usa solamente Jesús en el Nuevo Testamento cuando hace referencia a sí mismo. Se retrotrae a Daniel 7:13, y habla del individuo que se presenta ante el Anciano de días y al que se le concede un reino eterno que gobernar. El hecho de que Jesús use la frase en este sentido se puede interpretar de dos maneras. Primero, ese era el concepto característico que se tenía del Mesías en la literatura del periodo intertestamentario, y Jesús lo adoptó. Segundo, su uso de la frase en los Evangelios revela que era un nombre aplicado al Dios soberano (Mt. 9:6; 10:23; 12:8; 13:41; 16:13, 28; 17:9, 12; 19:28; 20:18, 28; 24:27, 30, 37, 39, 44; 25:31; 26:2, 24, 64; Mr. 2:10, 28; 8:31, 38; 14:62).

Logos ("Verbo") es un término griego que significa "palabra, pensamiento, afirmación, expresión", y se refiere a que Jesús es la revelación de Dios. Aquel que estuvo delante del Padre y con Él durante toda la eternidad también es Dios (Jn. 1:1), y revela al Padre a la perfección (Jn. 1:18; 14:9).

A Jesús se le llama *Mesías*, que significa "el ungido". Es aquel profetizado en el Antiguo Testamento que, como Hijo de David (Is. 11:1-2; Jer. 23:5-6), establecería el reino de Dios en el mundo y reinaría sobre el pueblo de Dios (Is. 9:7). También es el siervo sufriente de Yahvé (Is. 42:13—53:12), que echaría sobre sí el juicio de Dios y liberaría a su pueblo.

Salvador es uno de los nombres más magníficos de Jesús, porque nosotros le conocemos personalmente de esta manera como "nuestro" Salvador. El ángel dijo a María que Él salvaría a su pueblo de sus pecados, y Juan dice en 3:16 que el Padre envió a su Hijo para salvar de sus pecados a todos los que creyesen en Él. Tanto Pablo como Pedro hablan de Jesús y de "nuestro Dios y Salvador", uniendo los aspectos divino y humano de la persona Jesús, así como su naturaleza y su obra (Tit. 2:13; 2 P. 1:1).

Cuando a Jesús se le llama *Señor*, podemos entender que en algunos casos se trata de un título de respeto, pero en otros está claro que es una referencia a su persona divina (Jn. 20:28; Fil. 2:11). Este uso de "Señor" refleja el uso que hace el Antiguo Testamento griego de *kurios* como equivalente de *Yahvé*, que es el nombre personal de Dios en ese Testamento.

19. ¿Qué pensaba Jesús de los fariseos, y estaba de acuerdo con su teología?

Cuando pensamos en un fariseo, normalmente lo que nos viene a la mente es negativo. Está claro que un fariseo es legalista, mordaz, cruel, crítico y demás adjetivos por el estilo. Buena parte de esta actitud hacia estos personajes históricos tiene que ver con las palabras de Jesús que leemos en el Nuevo Testamento. ¿Se trata de un retrato preciso de aquellos judíos del siglo I con los que Jesús tuvo tanto contacto? La pregunta que nos planteamos no es "¿Jesús era fariseo?", sino "¿Estaba de acuerdo con la teología farisaica?". Aunque sin duda en los Evangelios y en la historia existen evidencias creíbles de que determinados fariseos eran como el que hemos descrito arriba, ¿es justo generalizar esos atributos? Además, aunque algunos fariseos, o la mayoría, encajara con esta descripción en su vida cotidiana, ¿significa esto que su enseñanza no decía la verdad sobre áreas teológicas importantes?

Debemos ser prudentes a la hora de entender las palabras de los relatos de los Evangelios cuando hablan de los fariseos o, ya puestos, de los judíos. Algunas de las palabras de Jesús sobre los judíos se han malinterpretado como antisemitas por su dureza, pero sin duda esta no es la intención del texto, dado que los escritores de los Evangelios, Jesús y sus oyentes eran principalmente judíos. Cuando la expresión "los judíos" y, probablemente, "los fariseos", se usa como acusación, no habla de todos los judíos ni de todos los fariseos, sino de aquellos concretos (dentro del grupo más amplio) que se oponían a Jesús o no eran coherentes con su profesión de fe. Él los llamó "generación de víboras" (Mt. 12:34) y les reprendió por sus oraciones altisonantes (Lc. 18:10-14).

Jesús empleó reprensiones, como lo hizo Juan el Bautista (Mt. 3:7), contra los fariseos y los maestros insinceros de la ley que acudían a Él, pero hay otros fariseos que creían sinceramente o, al menos, no se contaban entre la categoría de los que Él criticó. Por ejemplo, Nicodemo y José de Arimatea (que seguramente era fariseo) aceptaron a Cristo. En otra ocasión, a Jesús le invitó a comer un fariseo (Lc. 7:36), y Él aceptó. También vemos a unos fariseos que respaldaban a Jesús (Mr. 12:28; Lc. 13:31), y Juan 9:16 indica una división entre los fariseos respecto a las obras de Jesús y a su carácter, de modo que es evidente que no todos se le oponían. Jesús dijo que los fariseos estaban sentados en la cátedra de Moisés (Mt. 23:2), y que el pueblo debía creer su enseñanza, aunque no cuando actuaban con hipocresía. Lo interesante es que en los escritos judíos hallamos críticas implacables contra los fariseos, procedentes de sus propias filas. El experto en Nuevo Testamento Bruce Metzger resume la lista del Talmud de siete tipos de fariseos, en la que ridiculiza vívidamente a cinco de ellos:

1. El fariseo "aguarda un poco". Siempre tiene una excusa para postergar una buena acción.
2. El fariseo "herido" o "sangrante". Para evitar mirar a una mujer, cierra los ojos y choca con las paredes, de modo que se hiere y sangra.
3. El fariseo "de hombro". Lleva sus buenas obras prendidas en sus hombros, donde todos puedan verlas.
4. El fariseo "jorobado". Camina encorvado, fingiendo humildad.
5. El fariseo "calculador". No deja de repasar sin

cesar sus buenas obras, para equilibrarlas con las malas.
6. El fariseo "temeroso de Dios". Respeta al Señor.
7. El fariseo "amante de Dios" o "nacido". Es un verdadero hijo de Abraham, y un fariseo genuino.[3]

Después de la época de Cristo, también hay ocasiones en que observamos a los fariseos bajo una luz más favorable. Encontramos en un caso que Gamaliel, un líder entre los fariseos, protegió a los discípulos cuando exhortó al sanedrín a mostrarse tolerante con ellos (Hch. 5:33-39). Los fariseos se pusieron de parte de Pablo contra los saduceos (Hch. 23:6-9), e incluso a un grupo de fariseos se los llamó "creyentes" (Hch. 15:5). Lo que es más importante, Pablo se identifica orgullosamente como fariseo (Hch. 23:6; Fil. 3:5-6).

A pesar del hecho de que Jesús discrepaba con muchos fariseos sobre la forma de entender la ley oral y reprendía su práctica de la ley, estaba bastante de acuerdo con la teología farisaica. Veamos las similitudes:

- Los fariseos creían en la resurrección del cuerpo y en la inmortalidad del alma (Mt. 22:23-32).
- Los fariseos creían en los ángeles y en los demonios (Mt. 9:34; Hch. 23:8).
- Los fariseos sostenían una doctrina de la predestinación y la consideraban coherente con el libre albedrío de los humanos (Josefo, *Antigüedades* 13.5.9; 18.1.3).
- Los fariseos creían en un juicio venidero y en un castigo futuro, así como en la obtención de recompensas en función de si uno había vivido virtuosamente o no (Hch. 23:8).

- Los fariseos creían en un Dios omnisciente y sabio, que era justo y misericordioso (Lc. 5:21).[4]

Es cierto que algunos han intentado demostrar que Jesús fue fariseo. Esto se debe a que el pueblo de Israel estaba dividido en distintos grupos religiosos y políticos y en diversos credos, como los herodianos, los saduceos, los zelotes, los fariseos y los esenios. Por consiguiente, presentan el argumento de que aunque Jesús no perteneciese oficialmente a un grupo local de fariseos, sería un fariseo debido a sus puntos de vista y a su disposición. Dado que los fariseos eran "el partido del pueblo", probablemente sería el que siguió Jesús. El segundo motivo es que, aunque Jesús dijo muchas cosas negativas sobre los fariseos, también dice que aquellos se sentaban en la cátedra de Moisés (Mt. 23:2), de modo que las personas debían creer sus enseñanzas, pero no imitar su hipocresía (Mt. 23:2). Sin embargo, no hay fundamento para sostener que Jesús fuera miembro de ningún partido fariseo. Vino al mundo con un mensaje superior al de ellos, y llevó una vida moralmente perfecta. Vino a iniciar su propia comunidad y a edificar el reino de Dios, no a defender las ideas farisaicas ni a reformar su movimiento religioso.

20. ¿Qué fue la transfiguración de Jesús y por qué tuvo lugar?

Hacia el final de su vida, Jesús reunió a su círculo interior de discípulos (Pedro, Jacobo y Juan) en un monte alto, para revelarse a ellos de un modo que no había utilizado antes (Mt. 17:1-8; Mr. 9:1-8). Algunos han identificado este acontecimiento como algo que sucedió en el monte Tabor de Galilea, pero esta montaña es solo una entre muchas otras en la zona, de modo que la descripción de que se trataba de un monte alto no es precisa. Seguramente la transfiguración tuvo lugar en el monte Hermón, situado en la zona sur del Líbano, una montaña de casi 3.000 metros de altura, que además encaja geográficamente con el ministerio de Jesús en el sector norte de Israel.

Al principio del ministerio de Jesús, durante su bautismo, la voz del Padre descendió de los cielos y el Espíritu de Dios se manifestó bajo la forma de una paloma para identificar a Jesús como el elegido, el Mesías prometido en el Antiguo Testamento. Durante la transfiguración, también se deja oír la voz del Padre, y los discípulos escuchan que Jesús es el Hijo amado del Padre. Sin embargo, existen algunas diferencias entre estos dos acontecimientos, y son unas diferencias que tienen unas consecuencias teológicas importantes.

Durante su bautismo, Jesús apareció como cualquier otro hombre, identificándose con el pueblo de Israel. Durante la transfiguración, se revela como Dios, con la luminosidad divina, la gloria *shekiná* que brilla a través de su cuerpo (Mt. 17:2-3), el unigénito del Padre. Al ver la transfiguración, el apóstol Pedro quiso equiparar a Jesús con los héroes de Israel, Moisés y Elías, que representaban la ley y los profetas, y pretendió levantar un tabernáculo para cada uno de ellos. Aunque esos grandes profetas ocuparon un lugar importante en la historia de Israel y de la salvación, Jesús destaca sobre ellos como la revelación última y completa de Dios y como el Salvador de la humanidad; por consiguiente, el Padre hace que esos profetas se desvanezcan, dejando solo a Jesús con los discípulos y ordenando a estos que le escuchasen (Mt. 17:5-8).

TERCERA PARTE

La obra de Jesús según la Biblia

21. ¿Cómo cumplió Jesús las profecías del Antiguo Testamento?

Aquellos que creen que las Escrituras hebreas contienen predicciones relativas a un Mesías futuro que establecería un reino de Dios en el mundo y se entregaría como sacrificio por los pecados de la humanidad deben responder aun así a la pregunta: ¿fue Jesús *ese* Mesías?[1] Ha habido miles de personas, desde la época de Jesús hasta el presente, que afirmaban directamente o contaban con personas que sostenían que eran "el ungido de Dios" del que se habla en el Antiguo Testamento.[2]

Para que Jesús fuera el Mesías del que se habla en la Biblia hebrea era necesario que cumpliera la gran cantidad de profecías veterotestamentarias. Aparecieron varios "mesías" en los tiempos de Jesús, y también desde entonces, pero sus vidas, palabras y actos no satisficieron las predicciones bíblicas sobre el Mesías.[3] Jesús declaró que Él cumplía todos los requisitos del "ungido" (Mesías) prometido. Hacia el comienzo de su ministerio, cuando habló en la sinagoga de su ciudad Nazaret, se le entregó el rollo del profeta Isaías para que leyera un pasaje delante de los congregados. "Dio la casualidad" de que aquel día la lectura era Isaías 61. Los versículos

1 y 2 dicen: "El Espíritu del Señor Yahvé está sobre mí, porque Él me ha ungido para traer buenas noticias a los débiles. Me ha enviado a curar al quebrantado de corazón, a proclamar libertad a los cautivos y a los prisioneros, a proclamar el año del favor de Yahvé..." (traducción personal). Según Lucas 4:18, en este momento del versículo 2 Jesús de Nazaret interrumpió la lectura y dijo que las palabras que acababa de leer se habían cumplido ese día. Esta identificación de sí mismo con el Mesías hecha en la sinagoga hizo que los presentes se levantasen contra Él e intentaran matarle.

Lo que resulta especialmente interesante sobre este cumplimiento es que Jesús entendía que Él era el cumplimiento de la profecía de Isaías 61:2a, sin seguir leyendo la segunda mitad del versículo, que habla del "día de venganza del Dios nuestro", que es algo que sucederá en la segunda venida de Jesús. Después de su resurrección, el Señor se encontró con dos de sus discípulos en el camino a Emaús (Lc. 24:13), pero impidió que le reconocieran (Lc. 24:16), apareciéndose a ellos como un desconocido. Mientras caminaban, ellos fueron conversando con Jesús sobre los sucesos que habían rodeado a su maestro crucificado (Lc. 24:19-24). Jesús les contestó: "¡Oh insensatos y tardos de corazón para creer todo lo que los profetas han dicho! ¿No era necesario que el Cristo padeciera estas cosas, y que entrara en su gloria?" (Lc. 24:25-26). La incapacidad de creer en Jesús como Mesías no estaba limitada a aquellas dos personas que caminaron aquel día a su lado, sino que la evidenciaban los apóstoles que estaban escondidos de las autoridades. Entonces Jesús pasó a demostrarles que las Escrituras hebreas hicieron profecías sobre Él (Lc. 24:27).[4]

El hecho de que Jesús dijo la verdad sobre que Él era el cumplimiento del Antiguo Testamento es evidente cuando examinamos la manera en que habla y actúa en los Evangelios y el modo en que los apóstoles hablan de Él en sus escritos. Cada una de las profecías veterotestamentarias relativas al Mesías se cumple literalmente y sigue el mismo método interpretativo que usaron los rabinos de la época (ver la pregunta 9). Observemos todas las maneras en las que las predicciones del Antiguo Testamento se cumplieron en Jesús el Mesías, tal como registran los escritos del Nuevo Testamento:

Predicción	Pasaje AT	Cumplimiento NT	Pasaje NT
El Mesías existía antes de nacer.	Mi. 5:2	Él es antes que nada. Es el creador de todas las cosas	Col. 1:17; Jn. 1:2 Jn. 1:3
El Mesías sería el profeta profetizado por Moisés.	Dt. 18:18	Las multitudes le consideran profeta. Los apóstoles declaran que es profeta.	Mt. 21:11 Hch. 3:21-22
El Mesías sería el cumplimiento del pacto con Abraham.	Gn. 12:1-3	Jesús el Mesías fue el cumplimiento de la promesa de bendición a los gentiles contenida en el pacto con Abraham.	Hch. 3:24-26; Gá. 3:6-9, 14
El Mesías nacería de una virgen.	Is. 7:14	Nace de una joven virgen llamada María. Solo en apariencia fue hijo de José.	Mt. 1:18, 22-23 Lc. 3:23
El Mesías sería descendiente de Abraham, Isaac y Jacob.	Gn. 22:18; 21:12; Nm. 24:19	El linaje plasmado en Mateo y Lucas indica que fue descendiente directo de Abraham por medio de Isaac y Jacob.	Mt. 1:1; Lc. 3:23, 34

Predicción	Pasaje AT	Cumplimiento NT	Pasaje NT
El Mesías sería de la casa de David.	Jer. 23:5	El linaje registrado en Mateo y Lucas revela que es hijo de David.	Lc. 3:23-30
El Mesías sería llamado Emanuel.	Is. 7:14	Mateo registra el mensaje del ángel a José al declarar que Jesús es Emanuel, "Dios con nosotros".	Mt. 1:21-23
El Mesías nacería en Belén.	Mi. 5:2	Mateo registra que Jesús nació en Belén de Judea.	Mt. 2:1, 4
El Mesías entraría en Jerusalén cabalgando sobre un asno.	Zac. 9:9	Jesús hizo una entrada triunfal sobre un pollino el Domingo de Ramos, casi una semana antes de su crucifixión.	Mt. 21:1-11; Mr. 11:1-11; Lc. 19:29-44; Jn. 12:12-19
El Mesías sería traicionado por un amigo.	Sal. 41:9	Jesús habla de Judas como su amigo cuando este lo traiciona en el huerto de Getsemaní.	Mt. 26:50; Jn. 13:18
El Mesías sería rechazado por su pueblo.	Sal. 118:22	El apóstol Pedro entiende este pasaje del AT como una referencia al rechazo del Mesías.	1 P. 2:5-6
El Mesías sería traicionado por treinta monedas de plata.	Zac. 11:12	Judas se ofreció a traicionar al Mesías por treinta monedas de plata.	Mt. 26:14-16

Predicción	Pasaje AT	Cumplimiento NT	Pasaje NT
El dinero por la traición del Mesías se invertiría en un campo.	Zac. 11:13	Cuando los remordimientos de Judas le hicieron acudir a los sumos sacerdotes a devolver el dinero, estos compraron el campo de un alfarero.	Mt. 27:4-8
La simiente de la mujer aplastaría la cabeza de Satanás.	Gn. 3:15	El Mesías cumple esta predicción de Génesis 3, viniendo el Hijo de Dios como hombre y juzgando a Satanás en la cruz.	Col. 2:14-15
El Mesías sería crucificado.	Is. 53:5, 12	Los apóstoles registran que Jesús el Mesías fue crucificado por los romanos.	Mt. 27:22-23, 34-50; Mr. 15:14-33; Lc. 23:22, 32-33; Jn. 19:15-42; Hch. 2:35-36; 4:10; 1 Co. 1; 2:1-7
El Mesías recibiría una herida en el costado.	Is. 53:5; Zac. 12:10	Los soldados romanos le clavaron una lanza en el costado para comprobar que estaba muerto.	Jn. 19:34, 37
Al Mesías no le quebrarían ningún hueso.	Éx. 12:46	Jesús murió antes de que los romanos le quebraran las piernas, como hicieron con los crucificados junto a Él.	Jn. 19:33, 36

Predicción	Pasaje AT	Cumplimiento NT	Pasaje NT
El Mesías sería sepultado en la tumba de un rico.	Is. 53:9	Jesús fue enterrado en el sepulcro nuevo de un hombre rico llamado José.	Mt. 27:57-61
El Mesías resucitaría de los muertos.	Sal. 16:10	Según las Escrituras, Jesús el Mesías resucitó de entre los muertos.	Hch. 2:29-32; 1 Co. 15:3-11

Un análisis de estas y de otras profecías, junto con su cumplimiento, demuestra que Jesús de Nazaret, que fue crucificado y resucitó, es el verdadero Mesías del que hablaron los profetas del Antiguo Testamento. De la misma manera que las profecías de las Escrituras hebreas predijeron su llegada como bebé en Belén, nacido para morir por los pecados de la humanidad (Mt. 1:21; Jn. 3:16), también, como dicen las profecías del Nuevo Testamento, volverá literalmente (1 Ts. 4:14; 1 Jn. 3:2) para llevar consigo a su pueblo y juzgar a la humanidad (Hch. 17:31) por haber rechazado el llamamiento de Dios.

22. ¿En qué sentido era profeta Jesús?

Yahvé habló a Israel en el siglo XV a. C., prometiendo que levantaría a un profeta en medio de ellos en cuya boca pondría sus palabras. Este profeta hablaría fielmente en nombre de Yahvé, y todos aquellos que se negaran a escuchar esas palabras tendrán que aceptar las consecuencias (Dt. 18:15-19).

Los estudiosos cristianos conservadores, en general, identifican al profeta de Deuteronomio 18 con Jesús. La respuesta de las masas (que le escuchaban con placer, Mr. 12:37) fue que creían que Jesús era un profeta (Mt. 21:11; Lc. 7:16; Jn. 4:19). Parece que algunos identificaron a Jesús con el profeta único prometido en el Antiguo Testamento (Jn. 6:14; 7:40). Esto queda confirmado aun más por las palabras del apóstol Pedro, que identifica a Jesús concretamente con Deuteronomio 18 cuando escribe: "y él envíe a Jesucristo, que os fue antes anunciado; a quien de cierto es necesario que el cielo reciba hasta los tiempos de la restauración de todas las cosas, de que habló Dios por boca de sus santos profetas que han sido desde tiempo antiguo. Porque Moisés dijo a los padres: El Señor vuestro Dios os levantará profeta de entre vuestros hermanos, como a mí; a él oiréis en todas las cosas que os hable; y toda alma que no oiga a aquel profeta, será desarraigada del pueblo" (Hch. 3:20-23).

No solo el pueblo y los apóstoles reconocen a Jesús como el Mesías, sino que sus palabras y sus obras demuestran que lo es. El modo en que transmitió la Palabra de Dios, como lo habían hecho los profetas de antaño, le vincula con ellos. Predijo el futuro al anunciar la destrucción venidera de la ciudad de Jerusalén (Mt. 24:1-2) y del templo, algo que los judíos no creyeron hasta que llegó el fin en el año 70 d. C. En los tiempos de la llegada de los babilonios (Jer. 7), muchos de los líderes judíos creían que la ciudad y la casa de Dios debían permanecer para siempre; en los tiempos de Jesús, la gente pensaba lo mismo. Los líderes judíos que se rebelaron contra los romanos confiaban en que el templo les rescataría de los romanos a pesar de haber abandonado al verdadero Dios y matado a su Hijo (Mt. 21:32-35, 37-43). Jesús también actuó como profeta al denunciar los pecados de los líderes y del pueblo y al llamarles al arrepentimiento, como hizo Jeremías, en el recinto mismo del templo (Mt. 21:12-13; Mr. 11:15-18). Mediante una reprensión abrumadora de los líderes judíos, y con el fervor de los profetas del

Antiguo Testamento, les llamó a arrepentirse, a corregir sus caminos y a volverse a Dios si querían librarse del juicio de Dios (Mt. 23). Como los profetas hebreos que le precedieron, también Él hizo milagros a la vista del pueblo, pero en un número y con un poder muy superiores a los de cualquier otro profeta. Sanó a los cojos y a los ciegos, a los paralíticos y a los leprosos, y resucitó a los muertos como nunca nadie había podido hacerlo, después de haber pasado varios días en la tumba. Esto es así porque era mucho más que un profeta. Era Dios encarnado, la resurrección y la vida (Jn. 11:25-27).

23. ¿En qué sentido era sacerdote Jesús?

El Nuevo Testamento deja claro el hecho de que Jesús era sacerdote. Ofreció un sacrificio aceptable a Dios por los pecados del pueblo, pero de una manera superior a todos los otros sacrificios que fueron ofrecidos antes, al ofrecerse a sí mismo. No satisfizo el requisito de ser parte del sacerdocio de Aarón, pero fue un sacerdote superior, dado que el Salmo 110:4 habla del Mesías, un sacerdote como Melquisedec. El escritor de Hebreos desarrolla esta idea con mayor profundidad, y llama a Jesús "apóstol y sumo sacerdote de nuestra profesión" (He. 3:1). Cuando el autor de este magnífico libro habla del sacerdocio de Melquisedec, vincula ese sacerdocio único con la posición de Jesús como Hijo. Fijémonos en las palabras: "Así tampoco Cristo se glorificó a sí mismo haciéndose sumo sacerdote, sino el que le dijo: Tú eres mi Hijo, yo te he engendrado hoy. Como también dice en otro lugar: Tú eres sacerdote para siempre, según el orden de Melquisedec" (He. 5:5-6). A diferencia de los sacerdotes temporales que trabajaban en el templo ofreciendo sacrificios que no perdonaban los pecados sino que meramente los cubrían, en anticipación del sacrificio perfecto que ofrecería Dios, el sacerdocio de Jesús no se relaciona con los antepasados, sino con "una vida indestructible" (He. 7:15-17). Juan Pablo II plasma sucintamente este papel sacerdotal del Cristo:

> Por último, cabe destacar que la epístola a los Hebreos afirma clara y convincentemente que Jesucristo ha cumplido con su vida, y especialmente con el sacrificio en la cruz, todo lo que estaba escrito en la tradición mesiánica de la revelación divina. Su sacerdocio se posiciona con referencia al servicio ritual de los sacerdotes del antiguo pacto, a los que Él supera como sacerdote y víctima. El propósito eterno de Dios, que provee la institución del sacerdocio en la historia del pacto, se cumple en Cristo.[5]

24. ¿En qué sentido era rey Jesús?

Según el pensamiento hebreo, la identificación de Jesús como rey está directamente relacionada con su condición de Mesías (del hebreo *māšîah*, "el ungido"). Los reyes de Israel eran los ungidos de Dios (1 S. 15:1), un tipo del rey futuro que se sentaría en el trono de David y tendría un reinado eterno (Is. 9:6-7). Recordemos las palabras de Jeremías: "He aquí que vienen días, dice Jehová, en que levantaré a David renuevo justo, y reinará como Rey, el cual será dichoso, y hará juicio y justicia en la tierra" (Jer. 23:5).

Aunque Jesús nunca se llamó a sí mismo rey, la profecía que cumple declara que lo es (Zac. 9:9); los sabios le adoraron (Mt. 2:1-2, 9-12), y Herodes temió al rey recién nacido (Mt. 2:3-4, 16-18); las multitudes le aclamaron como tal (Mt. 21:9, 15; Mr. 11:9-10; Jn. 12:13), y sus discípulos le consideraron rey (Jn. 1:49);

sus enemigos le acusaron de creerse rey (Lc. 23:2; Jn. 19:12) y se burlaron de Él por ello (Mt. 27:29, 37, 42), pero Pilato, irónicamente, confirmó que era el rey de los judíos (Mt. 27:37); los autores del Nuevo Testamento creían que era rey (1 Ti. 1:16-17; Ap. 17:14; 19:15-16), y Jesús señaló delante de Pilato que era rey de otro mundo (Jn. 18:33-37), pero delante del sanedrín indicó claramente que regresaría como rey en su segunda venida (Mr. 14:62).

La importancia de la condición monárquica de Jesús es que, como hijo de David, el rey, tenía derecho a ser heredero legal sobre la nación de Israel. En su calidad de Dios, el Hijo ha sido el rey del universo, pero la importancia del señorío de Jesús como hijo de David es que tiene el derecho legal de gobernar sobre la nación de Israel, algo que debe suceder en el futuro. En el presente, está sentado en su trono celestial con el Padre, pero durante la segunda venida acabará con toda oposición y se sentará en el trono de David, el trono que le corresponde, en Jerusalén (Sal. 2:6-9; 110:1-2; Mt. 25:31, 34; Col. 3:1).

25. ¿Por qué tuvo que bautizarse Jesús?

El bautismo de Jesús se registra en Mateo 3:13-17 y se menciona brevemente en Marcos 1:9-11 y Lucas 3:21-22. El bautismo también aparece implícito y se alude a él en Juan 1:29-34. En cada uno de esos relatos, el bautismo está vinculado con la unción de Jesús con el Espíritu Santo, y cada pasaje contiene la afirmación que hace el Padre de Jesús como Hijo de Dios, segunda persona de la Trinidad. Las tres personas de la Trinidad estuvieron presentes en el bautismo. La unción de Jesús con el Espíritu Santo en su bautismo supuso la inauguración del ministerio terrenal de Jesús que duró tres años y, según Mateo 12:18, cumplió la profecía de Isaías 42:1 (ver también el Salmo mesiánico 27, que identifica al Mesías como Hijo de Dios). Jesús es el Mesías-Siervo. El relato de Mateo nos dice que Juan el Bautista protestó diciendo que no le tocaba a él bautizar a Jesús, que debían invertirse los roles y que era Juan el que debía arrepentirse de sus pecados, no Jesús. El Señor admitió la lógica de Juan, pero insistió en que le bautizase por un motivo diferente: para cumplir "con toda justicia" (Mt. 3:15). Al aceptar el bautismo de Juan, Jesús validó el mensaje de Juan de que las personas debían prepararse para la salvación.

La unción de Jesús con el Espíritu Santo siguió el patrón mediante el cual se ungía a los reyes de Israel (1 S. 10:1; 1 R. 1:34-35, 38-39; 19:16; 2 R. 11:12), a los sacerdotes (Éx. 28:41; 29:7; 30:30-33; 40:13-15) y, al menos, a uno de los profetas (1 R. 19:16; ver también 1 Cr. 16:22 y Sal. 105:15). Solo en el relato de Lucas se nos dice que el Espíritu Santo descendió mientras Jesús oraba durante el bautismo. En cada uno de estos casos, la unción señaló un nombramiento o la colocación de un cargo. Como Juan el Bautista, seguramente Jesús estuvo lleno del Espíritu Santo desde antes de nacer (Lc. 1:15), pero el descenso del Espíritu sobre Él en forma de paloma durante el bautismo señaló visualmente a Jesús como el Mesías prometido, y sirvió para instalarle en ese oficio bíblico. Fue una afirmación visual de que Jesús era el Mesías prometido. Es el pronunciamiento divino de quién es Jesús, así como un reconocimiento de su ministerio. Empezaba públicamente la obra que vino a realizar en el mundo para salvar a la humanidad. La salvación ha llegado a los seres humanos en la persona de Jesucristo, como lo había anunciado Juan. Tres años más tarde, el Padre volvería a pronunciar desde los cielos las mismas palabras de aprobación, durante la transfiguración de Jesús (Mt. 17:5; Mr. 9:7; Lc. 9:35).

26. ¿Por qué murió Jesús?

La muerte de Jesús es el suceso más importante en toda la historia humana. Nos asegura el amor que siente Dios por nosotros (Jn. 3:16; Ro. 5:8; 1 Jn. 3:16; 4:9), y nos ofrece el fundamento de nuestra reconciliación con Dios (Ro. 5:11). La justicia de Dios exigía que alguien pagase el precio de nuestros pecados, y Dios encontró la manera de que así fuese: envió a su propio Hijo, que no tenía pecado, para que pagase el precio muriendo en la cruz por nuestros pecados (2 Co. 5:21). Según la Biblia, la muerte de Jesús fue un sacrificio por los pecados de todo el mundo. Jesús murió por los pecados de todo ser humano, esos pecados que nos separan de un Dios santo. Su muerte fue sustitutiva; murió en nuestro lugar y para nuestro beneficio (2 Co. 5:21; 1 P. 3:18). En Juan 1:29 leemos las palabras de Juan el Bautista que declara: "He aquí el Cordero de Dios, que quita el pecado del mundo". La muerte de Jesús fue el cumplimento de las profecías del Antiguo Testamento, como Isaías 53 y muchas otras (Lc. 24:27, 44; 1 Co. 15:3).

Además de ser una muerte sustitutiva, la muerte de Cristo fue también redentora. Su muerte pagó el precio por el pecado humano, de modo que las personas pudieran ser redimidas. En la práctica, Jesucristo, por medio de su muerte, nos compró en el mercado del pecado (Gá. 4:5) y nos dio la libertad. Quienes creen en Jesucristo y en su muerte en la cruz a su favor tienen la certidumbre de que Él murió por ellos, llevando la carga por sus pecados (Ro. 4:25; 2 Co. 5:21; Gá. 1:4; He. 9:28). Jesús murió porque el amor y la justicia de Dios le indujeron a enviar a su Hijo como sustituto y sacrificio por los pecados de todo el mundo.

Gracias a la muerte de Jesús, nuestra alienación de Dios queda eliminada cuando creemos en la muerte de Jesucristo por nuestros pecados. Su muerte y su sangre derramada son el sacrificio último y definitivo que puede hacerse por el pecado, y su propiciación o satisfacción ante Dios (Ro. 3:25; 1 Jn. 2:2); una vez redimidos, los cristianos somos libres para llevar una vida agradable a Dios. La muerte de Jesucristo es el fundamento de nuestra aceptación por parte de Dios. Jesús murió para que cada uno de nosotros tuviera vida eterna.

27. ¿Resucitó Jesús de los muertos con el mismo cuerpo con el que murió?

El Antiguo y el Nuevo Testamento registran muchos milagros en los que los muertos resucitaron (1 R. 17:17-24; 2 R. 4:17-37; Mt. 9:23-26; 10:8; Lc. 7:11-15; Jn. 11:38-44; Hch. 9:36-42; 20:7-12), pero estos se consideran diferentes a la resurrección de los muertos que tendrá lugar al final de los tiempos. En las primeras resurrecciones, aquellas personas volvieron a morir más tarde y esperan, junto con nosotros, la resurrección final, ya sea para vida (Jn. 5:28-29) o para muerte (Ap. 20:12-14). Antes de la resurrección de los justos y los impíos, los resucitados tenían unos cuerpos sujetos a la corrupción y a la muerte, pero en la resurrección futura los cuerpos serán incorruptibles e inmortales.

¿Cómo se relaciona todo esto con la naturaleza del cuerpo de Jesús después de la resurrección? En las Escrituras descubrimos que Él es el primogénito de la resurrección para vida (1 Co. 15:20, 23). Es el primero en resucitar con un cuerpo incorruptible e inmortal. Además, no fue resucitado con un cuerpo distinto al que tenía antes de la resurrección, como en una transmigración o reencarnación, sino que, de acuerdo con las enseñanzas bíblicas, fue resucitado con el mismo cuerpo físico con que murió. La diferencia es que el cuerpo anterior a la resurrección tenía debilidades físicas. Aquel cuerpo podía padecer enfermedades, heridas, cansancio, hambre, pero su cuerpo de resurrección es levantado en poder. Ese cuerpo nunca estará enfermo ni sentirá dolor, y jamás estará sometido a la muerte.

Entonces, ¿cómo debemos entender los pasajes que hablan de un cuerpo espiritual? ¿Es que la resurrección de Jesús, y por tanto la de los creyentes en la resurrección futura, son una combinación de espíritu y cuerpo, un estado diferente al que tenemos ahora? No. El pasaje dice claramente que Jesús fue resucitado con un cuerpo físico, no uno espiritual. Si el cuerpo físico no resucita, no hay resurrección. Hay al menos tres pasajes bíblicos que parecen proyectar dudas sobre el hecho de que Jesús resucitase con el mismo cuerpo físico con el que murió. Uno revela la interacción con los discípulos en el camino de Emaús, cuando ellos no le reconocieron; comió con ellos y desapareció de su vista (Lc. 24:13-35). El segundo es la incapacidad de María Magdalena de reconocer a Jesús cuando estuvo con Él en el huerto (Jn. 20:11-18). El tercero es cuando Jesús se apareció a sus discípulos mientras estaban en una habitación con la puerta cerrada (Jn. 20:26), claramente porque con su nuevo cuerpo podía atravesar paredes.

Cada uno de estos textos se puede explicar fácilmente cuando leemos cuidadosamente el contexto de cada pasaje. Entonces, ¿cómo explicamos el suceso en el camino a Emaús, cuando Jesús caminó con dos discípulos, pero ellos no supieron quién era Él (Lc. 24:15-16)? El texto responde a este enigma. Dice que cuando se encontraron con Jesús, "los ojos de ellos estaban velados, para que no le conociesen" (Lc. 24:16). Si Él no les hubiera cegado la vista, le habrían reconocido rápidamente. Más adelante en el mismo pasaje, después de haberles impartido una enseñanza exhaustiva sobre sí mismo que aparecía en las Escrituras hebreas, después de haberse sentado a comer con Él y de que Él tomase el pan, lo partiese y diera gracias, "entonces les fueron abiertos los ojos, y le reconocieron" (Lc. 24:31). Por lo tanto, no había misterio alguno, y Jesús poseía el mismo cuerpo con el que murió. Tenía el mismo aspecto y, por consiguiente, les impidió reconocerle hasta el momento inmediatamente anterior a que desapareció de su vista (Lc. 24:31).

¿Cómo es que María no reconoció a Jesús si Él se le apareció con el mismo cuerpo con el que murió? María acudió al jardín a primera hora de la mañana, cuando aún era de noche, y vio que el sepulcro estaba abierto. Informó de ello a Pedro y a Juan, y volvieron juntos a la tumba, encontrándola vacía. Después de que los dos hombres se fueran, ella se quedó un poco más, con el corazón roto al ver la tumba vacía, creyendo que alguien había robado el cuerpo. Vio a alguien que le pareció un jardinero y le preguntó por el cuerpo de Jesús. Fijémonos en las palabras de Juan 20:14-15: "Cuando había dicho esto, se volvió, y vio a Jesús que estaba allí; mas no sabía que era Jesús. Jesús le dijo: Mujer, ¿por qué lloras? ¿A quién buscas? Ella, pensando que era el hortelano, le dijo: Señor, si tú lo has llevado, dime dónde lo has puesto, y yo lo llevaré".

El versículo 14 indica que ella no reconoció a Jesús; no dice que Él tuviera un cuerpo diferente o un aspecto distinto. Imagínese estar en aquel jardín, de madrugada, con la incapacidad natural de ver el rostro de una persona antes de que salga el sol. Añadamos a esto el hecho de que María estaba llorando; es evidente que tuvo dificultad para reconocer a Jesús. No había necesidad de que este le impidiera reconocerlo, como sucedió cuando se encontró con los discípulos al caer la tarde en el camino a Emaús. La siguiente afirmación de Jesús, pidiéndole que no le toque (Jn. 20:17), ha inducido a algunos a pensar que Él no presentaba un cuerpo material o que posiblemente estaba hecho de otra sustancia. No fue eso lo que sucedió. Lo que le ruega Jesús es que "deje de abrazarle" (imperativo presente) porque aún no había regresado al Padre (perfecto proléptico). Por lo tanto, ella no debía inquietarse pensando que Él se iba inmediatamente, así que no había motivos para que le agarrase. Sabemos que Jesús permaneció en el mundo otros cuarenta días después de su resurrección.

La última consideración que hay que explicar es su repentina aparición en una habitación con las puertas cerradas en un momento en que todos los discípulos estaban juntos: "Ocho días después, estaban otra vez sus discípulos dentro, y con ellos Tomás. Llegó Jesús, estando las puertas cerradas, y se puso en medio y les dijo: Paz a vosotros" (Jn. 20:26). Para entender lo que leemos en este pasaje no hace falta que el cuerpo de Jesús no fuera físico. El texto no dice que Jesús entró atravesando la pared, denotando por consiguiente que ese cuerpo tuviera una composición menos que física. Hay diversas opciones posibles, aunque no probables, como el hecho de que entrase por la puerta sin que nadie se apercibiese, teniendo en cuenta que estaba cerrada pero no con llave. O quizá simplemente se apareció del mismo modo que desapareció con los discípulos con los que cenó en Emaús.

Recuerde que lo que hizo Jesús en su cuerpo de resurrección no es más espectacular que lo que hizo en su cuerpo anterior, como por ejemplo, caminar sobre el agua. Este milagro no exigió una transformación en la composición de su cuerpo humano. La diferencia con el cuerpo anterior a la resurrección, siendo el cuerpo de Cristo el precursor de todos nosotros, es que este nuevo cuerpo no está sujeto a la corrupción ni a la muerte, y no que posea propiedades no físicas (1 Co. 15:51-53). Jesús comió con los discípulos junto al mar de Galilea después de haberles preparado el desayuno (Jn. 21:12), y subió a los cielos durante la ascensión (Hch. 1:9), pero también Felipe fue arrebatado por el Espíritu después de su ministerio con el eunuco etíope (Hch. 8:39). El apóstol Juan dijo que a pesar de que no entendemos plenamente qué seremos tras la resurrección, podemos estar seguros de una cosa: que seremos como Él (1 Jn. 3:2); lo más importante de nuestra creencia es que seremos como el Señor tras su resurrección.

28. ¿Por qué envió Jesús al Espíritu Santo?

A medida que el ministerio terrenal de Jesús se acercaba a su fin y Él se preparaba para regresar al cielo, dijo a los discípulos que no los dejaría solos. En Juan 14:16, Jesús dijo que pediría a Dios Padre que les enviase otro ayudador, un término que a menudo se translitera *paracleto*, que significa literalmente "uno al que se llama para estar al lado". Esta palabra, usada en los tribunales de justicia, a menudo tenía la connotación de "ayudante". Este ayudador sería el Espíritu Santo, la tercera persona de la Trinidad, que sería consolador y abogado (Jn. 14:16-17; 15:26-27; 16:7-15). El Espíritu Santo fue un don del cielo para enseñar a los discípulos y ayudarles a recordar las palabras y el mensaje de Jesucristo (Jn. 14:26). Del mismo modo que Jesús era abogado, ayudador e intercesor en el cielo por los discípulos (1 Jn. 2:1), el Espíritu Santo también realizaría este ministerio cuando Cristo estuviera físicamente ausente. En Juan 14:16, Jesús promete: "Y yo rogaré al Padre, y os dará otro Consolador, para que esté con vosotros para siempre". El uso que hace Jesús del adjetivo *otro* connota "otro de la misma naturaleza". Tanto Jesús como el Espíritu Santo son enviados al mundo por Dios Padre, a ambos se les llama santos y se caracterizan por la palabra *verdad*. En Juan 16:7, Jesús dice que enviará al Espíritu Santo. Tanto el Padre como el Hijo participan en la venida del Espíritu Santo.

Además de servir como abogado y venir a los discípulos en el mundo, el Espíritu Santo sería el mediador de la presencia de Dios Padre y de Dios el Hijo glorificado (Jn. 14:16-26), así como ministrar como maestro y revelador (Jn. 14:26; 16:12-14). Jesús dice a los discípulos que cuando venga el Espíritu Santo, instruirá una acusación contra el mundo y "convencerá al mundo de pecado, de justicia y de juicio" (Jn. 16:8). El Espíritu convencerá al mundo respecto al pecado, demostrando que el mundo vive en la ilegalidad o en oposición a Dios; en lo tocante a la justicia, ejemplificada en su regreso a los cielos y su glorificación (16:10); y respecto al juicio, de modo que toda persona deba decidir, juzgar o, en esencia, "elegir un bando" respecto a Jesucristo (Jn. 1:9; 8:12; ver también 3:19, donde Juan usa el mismo término, *krisis*, para hablar del juicio).

El Espíritu Santo tendría un ministerio único y continuaría el plan de Dios. El ministerio del Espíritu guiaría a los discípulos a las verdades de las que habló y que enseñó Jesús. Las palabras de Jesús en Juan 8:31, "conoceréis la verdad, y la verdad os hará libres", se cumplirían plenamente bajo el ministerio del Espíritu Santo. Este no descendería hasta que Jesús se fuera (Jn. 16:7). La venida del Espíritu Santo se cumplió el día de Pentecostés (Hch. 2:1-47), que inauguró una nueva era en el plan profético de Dios. Con la venida del Espíritu empezó la era de la Iglesia, y el ministerio del Espíritu Santo comenzó una nueva fase en el plan eterno de Dios. La llegada del Espíritu Santo prosigue los planes de Dios para el mundo y la humanidad, y ofrece una guía, una presencia y una seguridad permanentes para los hombres hasta que regrese Jesús en persona.

CUARTA PARTE

Jesús y el futuro

29. ¿Dónde está Jesús ahora?

Después de su resurrección y de cuarenta días de ministerio posterior a ella (Hch. 1:3), los discípulos vieron el último milagro en presencia de Jesús, cuando este fue llevado a los cielos en una nube. En Hechos 1:9-11, Lucas afirma: "Y habiendo dicho estas cosas, viéndolo ellos, fue alzado, y le recibió una nube que le ocultó de sus ojos. Y estando ellos con los ojos puestos en el cielo, entre tanto que él se iba, he aquí se pusieron junto a ellos dos varones con vestiduras blancas, los cuales también les dijeron: Varones galileos, ¿por qué estáis mirando al cielo? Este mismo Jesús, que ha sido tomado de vosotros al cielo, así vendrá como le habéis visto ir al cielo". Además, en su Evangelio, Lucas escribe: "Y los sacó fuera hasta Betania, y alzando sus manos, los bendijo. Y aconteció que bendiciéndolos, se separó de ellos, y fue llevado arriba al cielo" (Lc. 24:50-51).

Es evidente que Jesús fue a un lugar. No se desvaneció sino que, gradualmente, ascendió al cielo, después de lo cual los ángeles dijeron a los discípulos que un día regresaría *de la misma manera.* Jesús está en un lugar oculto para nuestros ojos, pero que aun así es muy real. Cuando Esteban yacía moribundo tras ser apedreado, como se describe en Hechos 7:55-56, Dios le proporcionó la capacidad única y el consuelo, por medio del Espíritu Santo, de ver los cielos y a Jesucristo: "Pero Esteban, lleno del Espíritu Santo, puestos los ojos en el cielo, vio la gloria de Dios, y a Jesús que estaba a la diestra de Dios, y dijo: He aquí, veo los cielos abiertos, y al Hijo del Hombre que está a la diestra de Dios". Aunque nosotros no vemos el cielo ni acabamos de entender lo que es, se trata del lugar donde se encuentra hoy Jesús. Es un lugar (Jn. 14:1-2), y tras su llegada al cielo, Jesús recibió la gloria y el honor de los que no había disfrutado durante su encarnación (Jn. 17:5). Lucas, poniendo por escrito el sermón de Pedro el día de Pentecostés, escribe sobre esta exaltación: "Así que, exaltado por la diestra de Dios, y habiendo recibido del Padre la promesa del Espíritu Santo, ha derramado esto que vosotros veis y oís" (Hch. 2:33).

La Biblia nos dice que Jesús está sentado a la diestra de Dios, cumpliendo las profecías del Antiguo Testamento como el Salmo 110:1, indicando así la consecución de su obra redentora en la tierra (He. 1:3) y recibiendo poder y autoridad sobre el universo (1 P. 3:22). Sin embargo, Jesús no está perpetuamente sentado o inactivo, porque en la visión de Esteban se nos dice que está de pie (Hch. 7:56; N. del T.: La Reina-Valera no indica que está de pie, pero el texto griego sí lo pone, y la mayoría de las traducciones modernas incluye este dato). En la visión de Juan, Jesús camina entre los siete candeleros de Apocalipsis 2:1. Hay muchos otros pasajes que hablan de la obra actual de Cristo en el cielo, incluyendo entre ellos: Romanos 8:34; Efesios 1:20-22; Filipenses 2:6-11; 3:20; Hebreos 4:14; 6:20; 7:26; Apocalipsis 14:1-5 y 19:11-16.[1] La ascensión de Jesús es una garantía para los cristianos de que también nosotros estaremos con Él un día, ya sea cuando nos arrebate la muerte (2 Co. 5:8) o cuando Él vuelva, y permaneceremos a su lado en la era venidera (Ap. 3:21).

30. ¿Volverá Jesús de verdad?

La creencia en el regreso físico de Jesucristo es la postura histórica y bíblica que ha adoptado el cristianismo con el paso de los siglos. Ha sido la esperanza y la oración de millones de cristianos desde la ascensión de Jesús registrada en Hechos 1:6-11. "Volverá de nuevo para juzgar a los vivos y a los muertos" (cp. 2 Ti. 4:1 y 1 P. 4:5). Durante siglos, los cristianos fieles de todo el mundo han pronunciado estas palabras y han proclamado esta verdad, plasmadas en el Credo Apostólico y en muchas otras confesiones de fe del cristianismo ortodoxo. La segunda venida de Jesucristo es el tema de muchos pasajes tanto en el Antiguo como en el Nuevo Testamento, incluyendo: Deuteronomio 30:3; Salmo 2; Isaías 63:1-6; Daniel 2:44-45; 7:13-14; Zacarías 14:1-4; Mateo 24—25; Marcos 13; Lucas 21; Hechos 1:9-11; Romanos 11:26; 1 Tesalonicenses 3:13; 5:1-4; 2 Tesalonicenses 1:6—2:12; 2 Pedro 2:1—3:17; Judas 14-15; y Apocalipsis 1:7; 19:11-21.

En el Antiguo Testamento encontramos muchos pasajes que describen la segunda venida y los sucesos que la rodearán. Gracias a estos pasajes, sabemos del reinado de Cristo sobre el trono de David, el gobierno y las condiciones del reino milenario que sigue a la segunda venida, y el juicio que traerá Cristo cuando vuelva.

Cuando leemos las páginas del Nuevo Testamento, encontramos información adicional. Jesús enseñó muchas cosas sobre la segunda venida. Una descripción vívida fue el resultado de las preguntas que le formularon los discípulos sobre aquel acontecimiento:

> Porque como el relámpago que sale del oriente y se muestra hasta el occidente, así será también la venida del Hijo del Hombre. Porque dondequiera

> que estuviere el cuerpo muerto, allí se juntarán las águilas. E inmediatamente después de la tribulación de aquellos días, el sol se oscurecerá, y la luna no dará su resplandor, y las estrellas caerán del cielo, y las potencias de los cielos serán conmovidas. Entonces aparecerá la señal del Hijo del Hombre en el cielo; y entonces lamentarán todas las tribus de la tierra, y verán al Hijo del Hombre viniendo sobre las nubes del cielo, con poder y gran gloria (Mt. 24:27-30).

Seguramente la descripción más gráfica de la segunda venida de Cristo es la que hallamos en Apocalipsis 19:11-21. En este pasaje ampliado, se describe a Jesucristo como cabeza de una procesión de ángeles y santos, o ejércitos celestiales, que vienen a reclamar la tierra, destruir a las huestes de este mundo y derrotar al anticristo y al falso profeta:

> Entonces vi el cielo abierto; y he aquí un caballo blanco, y el que lo montaba se llamaba Fiel y Verdadero, y con justicia juzga y pelea. Sus ojos eran como llama de fuego, y había en su cabeza muchas diademas; y tenía un nombre escrito que ninguno conocía sino él mismo. Estaba vestido de una ropa teñida en sangre; y su nombre es: EL VERBO DE DIOS. Y los ejércitos celestiales, vestidos de lino finísimo, blanco y limpio, le seguían en caballos blancos. De su boca sale una espada aguda, para herir con ella a las naciones, y él las regirá con vara de hierro; y él pisa el lagar del vino del furor y de la ira del Dios Todopoderoso. Y en su vestidura y en su muslo tiene escrito este nombre: REY DE REYES Y SEÑOR DE SEÑORES. Y vi a un ángel que estaba en pie en el sol, y clamó a gran voz, di-

> ciendo a todas las aves que vuelan en medio del cielo: Venid, y congregaos a la gran cena de Dios, para que comáis carnes de reyes y de capitanes, y carnes de fuertes, carnes de caballos y de sus jinetes, y carnes de todos, libres y esclavos, pequeños y grandes. Y vi a la bestia, a los reyes de la tierra y a sus ejércitos, reunidos para guerrear contra el que montaba el caballo, y contra su ejército. Y la bestia fue apresada, y con ella el falso profeta que había hecho delante de ella las señales con las cuales había engañado a los que recibieron la marca de la bestia, y habían adorado su imagen. Estos dos fueron lanzados vivos dentro de un lago de fuego que arde con azufre. Y los demás fueron muertos con la espada que salía de la boca del que montaba el caballo, y todas las aves se saciaron de las carnes de ellos (Ap. 19:11-21).

Este pasaje señala que el regreso de Cristo conllevará una destrucción y una muerte físicas de proporciones colosales. Para aquellos que no sean de Cristo será un acontecimiento aterrador y terrible. Traerá consigo el juicio, separando a los salvos de los condenados (Mt. 25:31-46).[2]

Uno de los propósitos de la segunda venida es enderezar los errores cometidos en la historia. Los adversarios de Dios han perpetrado muchas injusticias contra el pueblo del Señor, cosas que todavía no se han resuelto en la historia. Las Escrituras dicen que Dios vengará las afrentas de su pueblo durante la segunda venida (2 Ts. 2:5-10). La segunda venida permite a los creyentes no desanimarse frente a la injusticia, porque saben que cuando Cristo regrese, instituirá una justicia perfecta.

Algunas personas creen que la segunda venida ya ha tenido lugar, e incluso dentro de la cristiandad hay quienes afirman esta idea. Esta interpretación se conoce como "preterismo" (que etimológicamente se relaciona con "pasado" en latín). Los preteristas sostienen que porciones proféticas importantes de las Escrituras, como algunos pasajes en los libros de Mateo y Apocalipsis, se cumplieron en los sucesos que rodearon la destrucción de Jerusalén a manos de los romanos en el año 70 d. C. En su máxima expresión, el preterismo enseña que Jesucristo ya ha regresado a la tierra y que ahora vivimos en la era del reino.

No todos los preteristas creen que la segunda y definitiva venida de Cristo haya tenido lugar, pero sí defienden que Cristo ha regresado de alguna manera. Los preteristas extremos, o preteristas coherentes, como prefieren que se les llame, creen que toda la profecía bíblica futura se cumplió durante la destrucción de Jerusalén en el año 70 d. C. Creen que, si hay una segunda venida futura, la Biblia no habla de ella. Esto los coloca en la posición poco ortodoxa de negar no solo la segunda venida, sino también la resurrección corporal de los creyentes.[3]

La realidad de que se producirá una segunda venida es una verdad que afecta a todas las personas que han vivido o que vivirán en este mundo. No es una producción hollywoodiense con efectos especiales, ni una moda religiosa, una paranoia psicológica o un misticismo monacal. Es una realidad espectacular que tendrá lugar un día, y que no se puede evitar. Independientemente de la dirección en la que avance la civilización en una era dada, el final de la historia humana está en manos de Dios. Como la historia avanza hacia la meta del regreso de Cristo, los cristianos proclaman la promesa de Cristo que recoge el apóstol Juan en Apocalipsis 22:20, quien escribió: "Ciertamente, vengo en breve. Amén; sí, ven, Señor Jesús".

31. El regreso de Jesús, ¿será físico o espiritual?

La segunda venida de Cristo será un retorno físico y corporal claramente visible para todos. Las Escrituras nos dicen que el regreso de Jesús será repentino, personal y visible para todos. Será un regreso físico. No se trata de un mero retorno espiritual al corazón y a la psique del creyente. La primera venida de Jesús al mundo durante su encarnación y nacimiento también fue física, como lo será también, por lo tanto, la segunda (He. 9:28). El Dr. John Walvoord comenta con astucia:

> Aunque es cierto que Cristo está presente en todas partes y habita en todo cristiano, corporalmente ha permanecido en el cielo. Durante la segunda venida, regresará físicamente a la tierra. De la misma manera que durante la ascensión se produjo una traslación corpórea a los cielos, la segunda venida será un retorno físico al mundo. Los ángeles que se reunieron con los discípulos tras la ascensión de Cristo les dijeron: "Este mismo Jesús, que ha sido tomado de vosotros al cielo, así vendrá como le habéis visto ir al cielo" (Hch. 1:11). Jesús fue al cielo física y visiblemente con las nubes. Su segunda venida tendrá todos los mismos atributos.[4]

Si la segunda venida de Cristo no fuera física sino meramente espiritual, no sería una *segunda* venida. Cristo ya ha venido espiritualmente bajo la forma de su presencia que habita en los creyentes y por medio del Espíritu Santo. Para que vuelva otra vez, como prometió y como predicen las Escrituras, su segunda venida no puede ser distinta a la primera, que fue también visible y corpórea. De acuerdo con las descripciones bíblicas, la segunda venida de Jesucristo debe ser un retorno personal, físico y visible. Será la culminación de la historia. La historia humana culminará y acabará no como lo han descrito los poetas y los científicos (con un suspiro o un estallido), sino con el regreso del Señor Jesucristo.

32. ¿Cuál es la relación entre la primera y la segunda venidas de Jesús?

La Biblia sostiene que la vida y el ministerio de Jesucristo giran en torno a dos fases principales. Tito 2:11-14 habla de dos apariciones de Cristo en la tierra. La primera fase tiene que ver con su venida en humillación para morir por los pecados de la humanidad. La segunda fase es cuando vendrá con poder y gloria para reinar sobre toda la humanidad. La primera venida de Jesús fue cuando se entregó por nuestros pecados, y su segunda venida será cuando regresará en gloria.

> Porque la gracia de Dios se ha manifestado para salvación a todos los hombres, enseñándonos que, renunciando a la impiedad y a los deseos mundanos, vivamos en este siglo sobria, justa y piadosamente, aguardando la esperanza bienaventurada y la manifestación gloriosa de nuestro gran Dios y Salvador Jesucristo, quien se dio a sí mismo por nosotros para redimirnos de toda iniquidad y purificar para sí un pueblo propio, celoso de buenas obras (Tit. 2:11-14)

Filipenses 2 nos ofrece más información sobre el significado y el propósito de los dos advenimientos de Cristo:

> Haya, pues, en vosotros este sentir que hubo también en Cristo Jesús, el cual, siendo en forma de

> Dios, no estimó el ser igual a Dios como cosa a que aferrarse, sino que se despojó a sí mismo, tomando forma de siervo, hecho semejante a los hombres; y estando en la condición de hombre, se humilló a sí mismo, haciéndose obediente hasta la muerte, y muerte de cruz. Por lo cual Dios también le exaltó hasta lo sumo, y le dio un nombre que es sobre todo nombre, para que en el nombre de Jesús se doble toda rodilla de los que están en los cielos, y en la tierra, y debajo de la tierra; y toda lengua confiese que Jesucristo es el Señor, para gloria de Dios Padre (Fil. 2:5-11).

Además, Hebreos 9:28 es un versículo que explica y contrasta las dos venidas de Cristo. El escritor de Hebreos dice: "así también Cristo fue ofrecido una sola vez para llevar los pecados de muchos; y aparecerá por segunda vez, sin relación con el pecado, para salvar a los que le esperan". Las dos venidas están relacionadas en la historia, en la profecía y en el plan de Dios.

33. ¿Qué sucederá cuando vuelva Jesús?

El regreso de Cristo irá seguido de una serie de juicios y, tras ellos, la inauguración del reino milenario, ese reino de mil años durante el cual Cristo gobernará este mundo. Del mismo modo que el diluvio de Noé que se registra en Génesis 6—8 fue un puente entre el viejo mundo y el nuevo, los juicios de la segunda venida serán el punto de inflexión cataclísmico entre nuestra era actual y la tribulación y las condiciones radicalmente nuevas del milenio. La segunda venida y los juicios que la acompañan están estrechamente ligados. Los juicios que tienen lugar inmediatamente después de la segunda venida inician el programa de sucesos para el milenio. A continuación veremos los juicios concretos que tendrán lugar justo antes de la segunda venida, durante el regreso de Jesús, o poco después de que se produzca:

- El juicio de Babilonia, la gran ramera (Ap. 17—18; 19:2-3)
- El juicio de los ejércitos y de las naciones en Armagedón (Ap. 19:11-21)
- El juicio de las naciones gentiles (Jl. 3:1-3; Mt. 25:31-46)
- El juicio de la bestia o anticristo (Ap. 19:19-20)
- El juicio del falso profeta (Ap. 19:20)
- El juicio de Satanás (Ap. 20:1-3)
- El juicio de los santos del Antiguo Testamento (Dn. 12:1-3)
- El juicio de los santos de la tribulación (Ap. 20:4-6)
- El juicio de los judíos vivientes (Ez. 20:34-38)

Es importante recordar que cuando decimos "la segunda venida" de Cristo no hablamos del arrebatamiento que tendrá lugar antes de ella. El arrebatamiento se describe claramente en 1 Tesalonicenses 4:13-18. En la Biblia se caracteriza como una "transformación" (1 Co. 15:51-52; 1 Ts. 4:15-17), en la que Cristo viene *a por* su Iglesia. El segundo advenimiento es cuando Cristo vuelve con sus santos, descendiendo del cielo para establecer su reino terrenal (Zac. 14:4-5; Mt. 24:27-31). En el Nuevo Testamento hay muchos términos que se usan para hablar de la venida de Cristo. La mayoría se usa para referirse tanto a la segunda venida como al arrebatamiento, a pesar de que se trata de sucesos distintos. Un estudio del contexto determina qué tiene en mente un escritor determinado.

El arrebatamiento y la segunda venida son dos

eventos distintos y separados tanto en su carácter como en el momento en que se producen. La perspectiva pretribulacionista (que sostiene que el arrebatamiento tiene lugar antes de la tribulación) los separa claramente mediante la tribulación que dura siete años (la semana setenta de Daniel 9). La línea cronológica profética de Daniel 9:24-27 y 2 Tesalonicenses 2 sitúa la tribulación tras el arrebatamiento y justo antes de la segunda venida. Algunos cristianos creen que el arrebatamiento y la segunda venida se producirán después de la tribulación y simultáneamente, o bien con muy poca diferencia de tiempo entre ambos. Esta segunda postura se conoce como postribulacionismo. Sin embargo, una observación cuidadosa y coherente de las distinciones, terminología, historia y connotaciones bíblicas nos conduce a una postura pretribulacionista que distingue claramente entre ambos acontecimientos.

Es importante tener en cuenta la diferencia entre la segunda venida y el suceso anterior del arrebatamiento de la Iglesia. Veamos los siguientes contrastes, que distinguen ambos eventos:

Contrastes entre el arrebatamiento y la segunda venida

1. Traslación de todos los creyentes	1. No hay traslación
2. Los santos arrebatados van al cielo	2. Los santos trasladados vuelven a la tierra
3. La tierra no es juzgada	3. Se juzga a la tierra y se establece la justicia
4. Inminente, en cualquier momento, sin señales	4. Tras una serie de señales predichas, incluyendo la tribulación

5. No figura en el Antiguo Testamento	5. Predicha a menudo en el Antiguo Testamento
6. Solo para creyentes	6. Afecta a toda la humanidad
7. Antes del día de la ira	7. Concluye el día de la ira
8. Sin referencia a Satanás	8. Satanás encadenado
9. Cristo viene *por* los suyos	9. Cristo viene *con* los suyos
10. Viene en el *aire*	10. Viene a la *tierra*
11. Reclama a su esposa	11. Viene con su esposa
12. Solo le ven los suyos	12. Todo ojo le verá
13. Empieza la tribulación	13. Empieza el reino milenario

Basándonos en una comparación de ambos sucesos, podemos detectar las diferencias claras en su carácter.[5]

34. ¿Gobernará Jesús desde Jerusalén durante un milenio futuro?

Las profecías mesiánicas del Antiguo Testamento presentan claramente un retrato del Mesías como un rey que gobernará. Por ejemplo, Isaías 9:6 proclama que "el principado sobre su hombro". De forma parecida, en Miqueas 5:2, leemos que el Mesías nacerá en Belén, de donde "saldrá el que será Señor en Israel".

Isaías 11:1-5 predice al Mesías que vendrá de la familia de David y gobernará a la nación de Israel con rectitud y justicia absoluta. Este pasaje es una profecía clara del reinado de Jesucristo durante el milenio. Jesucristo será el punto focal de toda actividad durante el milenio. Será su gobierno y su reinado. Aquello que se rechazó en el momento de su primera venida se aceptará ahora, y se cumplirá plenamente, cuando reine en el mundo durante mil años. Pero, ¿cómo sabemos que se tratará de un reinado físico desde Jerusalén?

Aunque la Biblia contiene muchas profecías sobre Jerusalén, algunas de las más extensas se encuentran en Isaías 60—61, Zacarías 12 y 14, y Apocalipsis 21—22. Estos pasajes nos ofrecen la información más clara sobre la ciudad y la relación futura entre Jesús y esta.[6]

Durante la tribulación de siete años y la campaña militar de Armagedón (anterior a la segunda venida de Jesús y al milenio), Jerusalén experimentará tanto paz como guerra. Según Daniel 9:27, después de la primera mitad de la tribulación, el anticristo incumplirá el pacto de paz con Israel, y se producirán una intensa persecución y grandes sufrimientos en Jerusalén, y en todo el planeta. Todo esto culminará en la batalla de Armagedón, durante la cual Jerusalén será un punto focal. Zacarías pone por escrito esta profecía:

> He aquí yo pongo a Jerusalén por copa que hará temblar a todos los pueblos de alrededor contra Judá, en el sitio contra Jerusalén. Y en aquel día yo pondré a Jerusalén por piedra pesada a todos los pueblos; todos los que se la cargaren serán despedazados, bien que todas las naciones de la tierra se juntarán contra ella. En aquel día, dice Jehová, heriré con pánico a todo caballo, y con locura al jinete; mas sobre la casa de Judá abriré mis ojos, y a todo caballo de los pueblos heriré con ceguera (Zac. 12:2-4).

Al final de la tribulación, en este momento crítico, Jesús el Mesías regresará al monte de los Olivos en Jerusalén y destruirá a sus enemigos, que habrán reunido sus ejércitos en Armagedón (Zac. 14:2-4, 8-9). Además, cuando Cristo regrese, Jerusalén e Israel le reconocerán como Mesías (Zac. 12:10).

En el primer capítulo de Hechos leemos sobre la

ascensión de Jesús tras su resurrección, que se produjo en el monte de los Olivos, después de haber pasado cuarenta días con sus discípulos. Mientras estos contemplaban la ascensión aparecieron dos ángeles, diciéndoles que Jesús regresaría a ese mismo punto: "Varones galileos, ¿por qué estáis mirando al cielo? Este mismo Jesús, que ha sido tomado de vosotros al cielo, así vendrá como le habéis visto ir al cielo" (Hch. 1:11).

El regreso de Cristo, o segunda venida (no el arrebatamiento) fue profetizado por Zacarías casi seiscientos años antes, en Zacarías 14:4: "Y se afirmarán sus pies en aquel día sobre el monte de los Olivos, que está en frente de Jerusalén al oriente; y el monte de los Olivos se partirá por en medio, hacia el oriente y hacia el occidente, haciendo un valle muy grande; y la mitad del monte se apartará hacia el norte, y la otra mitad hacia el sur". Como Cristo pronunció su gran discurso profético sobre su segunda venida en el monte de los Olivos, la conclusión lógica es que su regreso será a ese mismo lugar (Mt. 24—25).

Sesenta años después de la ascensión, el apóstol Juan también escribió sobre la segunda venida de Cristo en Apocalipsis 19:11-16, aunque allí no menciona concretamente el monte de los Olivos. (Esta venida no debe confundirse con el arrebatamiento, que se produce siete años antes y del que se habla en 1 Tesalonicenses 4:14-17. Estos dos sucesos son distintos).

Isaías 60—61 describe la gloria de Jerusalén y de Israel durante el milenio, y el ministerio de Jesús durante ese periodo. Por fin ese lugar será una auténtica ciudad de paz, porque Dios pondrá "paz por tu tributo, y justicia por tus opresores. Nunca más se oirá en tu tierra violencia, destrucción ni quebrantamiento en tu territorio, sino que a tus muros llamarás Salvación, y a tus puertas Alabanza" (Is. 60:17d-18). Isaías sigue presentando una imagen del futuro de Sion (Jerusalén) durante el reinado terrenal y milenario del Mesías en la santa ciudad. A pesar de que Jerusalén ha sido una ciudad que ha soportado conflictos y conquistas a través de los siglos, al final gozará de una paz duradera. La restauración y la bendición de Dios sobre Jerusalén superarán los perjuicios combinados producidos durante los siglos. Su reconstrucción también acarreará una prosperidad religiosa y económica a sus fronteras (Is. 61:4-9).

Apocalipsis 21 y 22 describe a Jerusalén durante el milenio y en el estado eterno. Será una ciudad de alegría, cuyas puertas nunca se cerrarán. En última instancia, será una ciudad de pureza, habitada solamente por los creyentes: "Sus puertas nunca serán cerradas de día, pues allí no habrá noche. Y llevarán la gloria y la honra de las naciones a ella. No entrará en ella ninguna cosa inmunda, o que hace abominación y mentira, sino solamente los que están inscritos en el libro de la vida del Cordero" (Ap. 21:25-27).

¿Por qué Jerusalén en vez de otra ciudad? El regreso de Cristo a Jerusalén tendrá el propósito de juzgar al mundo y establecer su reino milenario; también establecerá su reinado sobre el trono de David, cumpliendo las profecías del Antiguo Testamento que garantizaban un Mesías-Rey para Israel según el linaje de David. Aunque será un gobierno universal, se ejercerá desde Jerusalén, donde estuvo el trono de David y el punto central de la restauración espiritual de Israel. El experto en profecía John F. Walvoord escribe:

> Su reinado sobre la casa de Israel tendrá como centro Jerusalén (Is. 2:1-4), y desde ese mismo punto reinará como Rey de reyes sobre todo el mundo (Sal. 72:8-11, 17-19)... El milenio será la ocasión

> para la restauración definitiva de Israel. Al principio del reinado milenario, Israel experimentará su reunión final y permanente (Ez. 39:25-29; Am. 9:15). El reinado de Cristo en Israel será glorioso, y será un cumplimiento total y literal de todo lo que Dios prometió a David (Jer. 23:5-8).[7]

Ninguna otra ciudad permitiría el cumplimiento de la profecía o el gobierno y la restauración de Israel. La importancia bíblica, profética y universal de Jerusalén se mantendrá y aumentará durante la segunda venida de Cristo.

QUINTA PARTE

Jesús según fuentes extrabíblicas

35. ¿Hay evidencias históricas de la existencia de Jesús?

Existen más evidencias históricas para el hombre Jesús de Nazaret que para cualquier otra persona de la historia antigua. Dudar de la existencia de Jesús es poner en duda la existencia de grandes personajes históricos como Alejandro Magno, el filósofo Sócrates, el general cartaginés Aníbal,[1] o diversos emperadores romanos. Los escépticos han intentado rechazar la existencia de Jesús (pero los historiadores raras veces les han respaldado), sobre todo durante los dos últimos siglos, pero con poco éxito.[2] Incluso quienes no son cristianos admiten, a pesar de ello, que Jesús vivió de verdad, y que muchos otros aspectos de su vida recogidos en los Evangelios y en otras fuentes tempranas gozan de credibilidad.[3]

Alejandro Magno conquistó el mundo desde Macedonia hasta la India en diez años, lamentándose a los treinta y dos de que ya no le quedaban territorios que conquistar. Nadie duda de su existencia, a pesar de que no existe ningún registro contemporáneo de su vida y sus obras. Los primeros documentos que tenemos sobre Alejandro proceden de cuatro siglos después de su conquista y su muerte en Babilonia (doce años desde el principio de sus conquistas partiendo de Macedonia). La exposición más sustancial sobre Alejandro la hallamos en la *Vida de Alejandro*, de Plutarco.[4] Hay otras evidencias adicionales en escritores posteriores, que se basan en obras anteriores y cuyas descripciones de Alejandro son diferentes. A pesar de todo, los historiadores le consideran un personaje histórico verdadero, que tuvo un impacto importante en el mundo.

Para poner en duda la credibilidad histórica de una persona, los historiadores tienen en cuenta tres factores: primero, ¿existen escritos contemporáneos que ofrezcan información sobre la persona? Segundo, ¿qué impacto podemos deducir que tuvieron su vida y sus palabras? En tercer lugar, se considera la evidencia de apoyo que proporcionan las evidencias históricas y arqueológicas para defender su existencia.

Con el paso de los años, se han hecho varios intentos para desacreditar la naturaleza histórica de la vida de Cristo, incluso de su propia existencia. Hace medio siglo, Bertrand Russell, un filósofo bien conocido, intentó desacreditar a Cristo y al cristianismo en su libro *Por qué no soy cristiano*.[5] Sin embargo, la mayoría de los intentos siguen la línea de *The Jesus Mysteries* [Los misterios de Jesús],[6] y son libros repletos de conclusiones cuestionables y de datos incorrectos, que suelen abusar bastante de los sucesos en Israel durante el siglo I y de paradigmas religiosos y mitos de periodos posteriores.

Un método consiste en decir que en realidad no podemos saber gran cosa sobre Jesús, dado que la información sobre Él tiene casi dos mil años. William Lane Craig ha puesto de manifiesto la inutilidad de semejante criterio:

> A veces los laicos dicen: "¿Cómo podemos saber algo que sucedió hace dos mil años?". Lo que no logran comprender es que ese vacío cronológico crucial no es el que existe entre la evidencia y el momento presente; antes bien, lo importante es el tiempo transcurrido entre la evidencia y los sucesos originarios de los que nos habla. Si la distancia entre los sucesos y la evidencia es breve, no tiene importancia en qué punto del pasado se encuentren. ¡Una buena evidencia no deja de serlo solo porque haya pasado el tiempo! Mientras el espacio cronológico entre el suceso y la evidencia sea corto, no tiene importancia el tiempo que haya transcurrido hasta el presente. Entonces la cuestión es qué cercanía existe entre las fuentes sobre Jesús y el tiempo en el que Él vivió.[7]

Así pues, las fuentes no obtienen mayor credibilidad por el hecho de ser más antiguas. Más bien, la calidad de la fuente tiene que ver no con su antigüedad, sino con su cercanía a los acontecimientos que registra. Si alguien pretendiera defender la opinión de que los documentos del Nuevo Testamento datan de finales del siglo I (un punto de vista innecesario), aun así representarían una visión de Jesús, sus obras, sus palabras y su influencia que estaría fresca en las mentes de muchos de los testigos oculares.

Otros han procurado minimizar la credibilidad de las fuentes históricas sobre la vida y las obras de Jesús. James Hannam, autor de *The Genesis of Science* [El génesis de la ciencia], propone en su página web, "Bede's Library", un proceso irónico de cómo una persona puede obtener los resultados que niegan la historicidad de Jesús. Ofrece siete estrategias que usan quienes niegan al Jesús histórico, a los que él llama "mitólogos de Jesús", y que resumimos a continuación:

1. Vincule a Jesús con cualquier personaje mítico, relato religioso o símbolo en el mundo antiguo, de modo que resulta sencillo encontrar algunos paralelos con su vida, y así pueda afirmar que la información sobre Jesús se ha creado a partir de aquellos.
2. Aparte de esos mitos y relatos paganos, añada contrapartidas ulteriores a la época de Jesús, incluso siglos, de modo que pueda afirmar que la información sobre su persona está copiada del periodo posterior, y no al revés.
3. Use esa terminología contemporánea que está de moda a la hora de traducir las fuentes paganas antiguas (aunque estas no hubiesen estado familiarizadas con las ideas) que explican términos o sucesos cristianos tempranos, a pesar de que el uso cristiano de los mismos difiera bastante del significado que tenían en el mundo antiguo.
4. Cuando el cristianismo y las religiones paganas están relacionadas con prácticas habituales de la época (como las comidas sagradas), actúe como si le hubiera pillado por sorpresa, lo cual dará la sensación de que esto respalda más la dependencia del cristianismo respecto al paganismo.
5. Haga que las comparaciones parezcan ser muy pertinentes, incluso cuando el símbolo y el significado sean muy distintos. Por ejemplo, a Mitra se le representaba como un toro y a Jesús, como a un cordero, símbolos bastante distintos, y el primero simbolizaba la sexualidad y el segundo, la humildad.

6. Ignore los paradigmas principales del paganismo con objeto de comparar los elementos menos importantes. Incluya solamente comparaciones, por débiles que sean, de modo que parezca que existe una dependencia.
7. Eluda los estudios académicos modernos y básese en fuentes desacreditadas de escritores de los siglos XIX y XX. Actúe como si los únicos que discrepan de usted fueran los investigadores espurios y los charlatanes y embusteros.[8]

Usando estos procedimientos, cualquier persona de la antigüedad puede quedar desprestigiada, al menos para aquellos que optan por no analizar con justicia y precisión la evidencia.

Uno se pregunta por qué ha habido tantos que han hecho semejante esfuerzo para desacreditar a Jesús. Quizá se deba en parte a que las exigencias de aceptar a Jesús como persona real también echan sobre las personas la carga moral de aceptar que necesitan su ayuda. Entonces, ¿qué pasa con los intentos de desacreditar la historicidad de Jesús? Son débiles intentos de negar la existencia de la persona que ha tenido el mayor impacto sobre la humanidad de todas las que han existido en el mundo. En palabras del ya fallecido Jaroslav Pelikan: "Independientemente de lo que piense o crea personalmente un individuo sobre Él, Jesús de Nazaret ha sido la figura dominante en la historia de la cultura occidental durante casi veinte siglos. Si fuera posible, usando una especie de súper imán, extraer de la historia todos los fragmentos metálicos que contienen al menos una traza de su nombre, ¿cuánto quedaría? La mayor parte de la raza humana tiene un calendario basado en el nacimiento de Jesús, millones de personas maldicen en su nombre, y otros tantos oran en él".[9]

Aunque en general se le considera un escéptico, el historiador Will Durant rinde un tributo justo al estudio histórico de Jesús el hombre, cuando escribe: "Que unos pocos hombres sencillos pudieran, en una sola generación, haber inventado una personalidad tan poderosa y atractiva, una ética tan elevada y una visión tan inspiradora de la hermandad de los humanos, sería un milagro mucho más increíble que los que contienen los Evangelios. Después de dos siglos de alta crítica, los perfiles de la vida, el carácter y la enseñanza de Cristo siguen siendo razonablemente diáfanos, y constituyen la característica más fascinante en la historia del hombre occidental".[10]

36. ¿Cómo se relaciona Jesús con los manuscritos del Mar Muerto?

En los manuscritos del Mar Muerto, descubiertos en Qumrán, Israel, no existen referencias concretas al Jesús histórico, pero la comunidad esenia, que vivió allí durante aproximadamente doscientos años, sentía un vivo interés por el Mesías venidero prometido por los profetas en las Escrituras hebreas.[11]

No existe ninguna evidencia en absoluto de que Jesús o Juan el Bautista vivieran en Qumrán o ni siquiera lo visitasen, aunque es bastante probable que, como mínimo, estuvieran familiarizados con este grupo religioso situado en el desierto cercano al Mar Muerto. Aunque es improbable que Jesús se relacionase con los esenios en el desierto de Judea, quizá tuviera contacto con los miles de esenios menos radicales que vivieron en la ciudad de Jerusalén.

Lo que es importante sobre este tema de Jesús y Qumrán, y de los esenios en general, es que los rollos de Qumrán revelan un punto de vista muy parecido sobre el ministerio, el poder, la muerte e incluso puede que la resurrección del Mesías, tal como los vemos cumplidos en la vida de Jesús, el verdadero Mesías de Israel.

Por ejemplo, Mateo 28:18 nos dice que Jesús ha recibido toda autoridad en los cielos y en la tierra, mientras que Marcos 4:41 incluye esta pregunta: "¿Quién es este, que aun el viento y el mar le obedecen?". Esta perspectiva sobre el Mesías se ha conservado para nosotros en un fragmento llamado 4Q521 1-2: "… [los cie]los y la tierra obedecerán a su Mesías. [El mar y to]do lo que está en ellos". De igual manera, Mateo 11:4-5 plasma las palabras de Jesús para confirmar su identidad a Juan: "Id, y haced saber a Juan las cosas que oís y veis: Los ciegos ven, los cojos andan, los leprosos son limpiados, los sordos oyen, los muertos son resucitados y a los pobres es anunciado el evangelio". Jesús cree que este tipo de milagros deberían convencer a Juan, incluso en un momento tan intenso de desesperación, de que Él era realmente el Mesías que había de venir. Estos puntos de vista sobre el Mesías también se mantenían en Qumrán, donde uno de los fragmentos dice: "[Su] sagrado [Mesías] no tardará [en venir]. [Cuando venga] sanará a los enfermos, resucitará a los muertos y anunciará nuevas de gozo a los pobres" (4Q521 10, 12).

Otro documento fragmentario importante de Qumrán tiene un contenido muy semejante al que hallamos en Lucas 1:32-33: "Este será grande, y será llamado Hijo del Altísimo; y el Señor Dios le dará el trono de David su padre; y reinará sobre la casa de Jacob para siempre, y su reino no tendrá fin". El fragmento (4Q246 I:6-9, II:5-7) contiene unas palabras parecidas: "… será grande sobre la tierra. [Oh Rey] Todos harán [la paz] y [le] servirán, y será llamado [hijo del] Dios [g]rande, y con su nombre será llamado… Será proclamado el Hijo de Dios, y le llamarán Hijo del Altísimo. Igual que los cometas [centellean raudos] ante la vista, su reino también lo hará. Durante [unos] años gobernarán sobre la tierra y aplastarán todo [bajo sus pies]; las personas se pisotearán unas a otras, ciudad contra c[i]udad… hasta que surja el pueblo de Dios y todo el mundo descanse de la espada" (trad. Joseph Fitzmyer). Se han hallado otros dos documentos que están de acuerdo con la enseñanza neotestamentaria sobre Jesús, a saber, su muerte y su resurrección. El fragmento del Mesías Traspasado (4Q285, 4-5) parece decir que el Mesías (llamado Renuevo de David) será muerto en una cruz. Se encontró una estela reciente cerca del Mar Muerto, en Jordania, escrita con las mismas expresiones que las de los rollos, y que habla, muy posiblemente, de que el Mesías resucitaría al cabo de tres días.[12]

No es necesario considerar que los autores del Nuevo Testamento tomaron prestadas ideas de los esenios de Qumrán, una comunidad huidiza y aislada, quienes escribieron esos documentos; en realidad, son demasiado distintos como para ser una copia. Más bien, existía una expectativa común de lo que sería el Mesías, una expectativa que Jesús cumplió y que comprendió Juan el Bautista, así como las multitudes: que realmente Él era el Mesías.

Además de esto, los apóstoles tenían en común con los judíos de Qumrán y con muchos rabinos un entendimiento parecido de las profecías veterotestamentarias (ver la pregunta 9). En Qumrán aparecieron dos tipos de documentos, las Escrituras hebreas y lo que se conoce como "rollos sectarios", que contenían la teología y las prácticas de esta secta judía. Estos rollos religiosos presentan al Mesías como profeta, sacerdote y rey (aunque a la vista de una parte de esa literatura parecen existir dos Mesías).

Ni Jesús ni sus discípulos tuvieron ninguna asociación con los judíos de Qumrán, pero los hombres que vivieron allí tenían en común con la comunidad judía ciertas creencias sobre el Mesías (seguramente debido a las Escrituras hebreas y a la influencia del *Libro de Enoc* en ese periodo). Estas creencias no dependían de sus obras ni las del escritor de *Enoc*, pero sin duda coincidían con ellas en términos generales, dado que eran el modo en que todas esas personas comprendían las Escrituras hebreas. Además, todos abordaban las Escrituras de la misma manera, a saber, creyendo en la interpretación literal de las mismas.

37. ¿Existen fuentes antiguas sobre la existencia de Jesús?

Jesús en las fuentes grecorromanas

Existen evidencias considerables de la existencia de Jesús. Aparte de los documentos bíblicos, hay otros judíos y grecorromanos que dan fe de este hecho.[13] Además, en las fuentes extrabíblicas se confirman determinados aspectos de los relatos neotestamentarios, como la muerte de Jesús por crucifixión bajo el mando de Poncio Pilato.

Es muy probable que el historiador romano Tácito (c. 56-177 d. C.), que se oponía al emperador Nerón, hable de los seguidores de Jesús el Cristo en sus *Anales de la Roma imperial* (c. 108 d. C.), cuando habla de cómo Nerón culpó a los cristianos del incendio de Roma. En su obra dice: "Su originador, Christus, había sido ejecutado durante el reinado de Tiberio por el procurador de Judea, Poncio Pilato".

Plinio el Joven († c. 112 d. C.) fue gobernador en la provincia romana de Bitinia, y amigo del emperador Trajano. Tras haber arrestado a varios cristianos, les dio la oportunidad de renegar de su fe, algo a lo que más tarde Trajano dio su aprobación. Plinio, en su carta a Trajano, dijo que los cristianos a los que había detenido confiesan a "Cristo como Dios".

Suetonio († c. 135 d. C.) trabajó en la corte del emperador romano Adriano, y fue también historiador. En su *Vida de Claudio* escribe: "Dado que los judíos provocaban altercados constantes a instigación de Chrestus [la variante latina del griego *Christos*), él [Claudio] los expulsó de Roma" (25:4).

En el segundo o tercer siglo d. C., un sirio llamado Mara bar Serapion escribió una carta que habla de la muerte de Jesús, refiriéndose a Él como "el rey judío". No es una evidencia tan sólida como algunas otras, pero puede dar evidencia de la muerte de Jesús.

Luciano (c. 125-180 d. C.) fue un escritor griego, no romano, pero pertenece al periodo cronológico del que estamos hablando. Criticaba a los cristianos por ser ingenuos, usando la historia de un hombre llamado Proteo, que engañó a los cristianos mientras viajaba con ellos. Sin embargo, al hacerlo da evidencia de las creencias cristianas de que Jesús vivió en Israel, fue crucificado debido a sus enseñanzas, tuvo discípulos que le seguían, y fue adorado como un dios.

Jesús en las fuentes judías

Dentro de la literatura judía existen tres fuentes primarias que hablan de Jesús. En la primera, el historiador Josefo se muestra desapasionado respecto a sus referencias, mientras que las otras dos, posteriores, el Talmud y el crítico Celso, se muestran hostiles a Jesús.

Josefo (c. 37-100 d. C.) incluye dos referencias al Cristo en sus *Antigüedades de los judíos*, que se refieren a Jesús como el Cristo. La primera, llamada *Testimonio*,[14] parece que fue alterada por un copista cristiano en determinado momento de su historia, pero la mayoría de eruditos admite que existen comentarios de la pluma de Josefo que reconocen que Jesús fue un personaje histórico que murió bajo el mandato de Poncio Pilato. A continuación veremos este pasaje, poniendo entre corchetes las supuestas interpolaciones:

> Aproximadamente en esta época apareció Jesús, un hombre sabio [si realmente se le puede considerar un hombre]. Pues era hacedor de actos maravillosos, y maestro de los hombres que reciben con alegría la verdad. Atrajo a sí a muchas personas, tanto de los judíos como de los gentiles. [Era el Cristo]. Y cuando Pilato, debido a la acusación de los principales entre nosotros, le condenó a la cruz, quienes le amaban al principio no dejaron de hacerlo [porque se les apareció vivo el tercer día, como predijeron los santos profetas, quienes anunciaron esta y otras mil cosas sobre él]. Y hasta el día de hoy la raza de los cristianos, que reciben de él su nombre, no se ha extinguido.[15]

En otro pasaje de las *Antigüedades*, Josefo se refiere a Jesús como "el llamado Cristo": "... él [Anás el joven] celebró una sesión judicial del sanedrín y llevó ante ellos al hermano de Jesús (llamado el Cristo), de nombre Santiago, y a algunos otros, a los cuales les acusó de transgredir la ley, y les entregó para apedrearlos hasta la muerte".[16] Este pasaje es prácticamente con toda seguridad un comentario genuino de Josefo, y menciona a Santiago, el hermano del Señor, líder de la iglesia de Jerusalén, una persona mencionada por Josefo en otros lugares. Josefo también menciona varias veces a Juan el Bautista.

La segunda fuente sobre la vida de Jesús se encuentra

en el Talmud babilonio. En su tratado, el Talmud dice que Jesús fue colgado la víspera de la Pascua, y que cuarenta días antes se formuló una acusación relativa a la apostasía de Jesús, anunciando que cualquiera que deseara defenderle diera su testimonio. El texto sigue diciendo que a Jesús no se le podía perdonar porque estaba cercano a ser rey. Por último, hallamos una lista de cinco de los discípulos de Jesús (parece que se desconoce al resto), con cierta confusión respecto a sus nombres.[17]

Por último tenemos la obra de Orígenes, *Contra Celso*, en la que este padre de la Iglesia alejandrino escribió contra un crítico gentil de Cristo y del cristianismo, pero que parece muy conocedor de la teología judía y de las afirmaciones sobre Cristo que hacían los cristianos. Por lo tanto, lo incluimos en la sección de las fuentes judías. Celso afirmaba que en realidad Jesús fue un hijo ilegítimo que adquirió conocimientos de magia en Egipto y afirmó ser un dios que había venido en forma humana. Al argüir en contra del cristianismo, Celso dijo que si Dios hubiera descendido en forma humana, se hubiera visto alterada su naturaleza divina. Además, si Dios quería rescatar a todo el mundo, ¿por qué acudir a un solo lugar de este planeta? La dilatada respuesta de Orígenes a Celso en *Contra Celso* ofrece al lector interesado el estilo y los tipos de argumentos que presentaron los cristianos contra sus detractores en el siglo II.

38. ¿Cuáles son las fuentes cristianas para la vida y las enseñanzas de Jesús?

Como es lógico, Jesús aparece en todos los materiales cristianos de finales del siglo I en adelante. La pregunta que suele darse entre los críticos de Jesús es si los padres de la Iglesia y los teólogos tempranos le consideraban Dios. Existen muchos cientos de casos en los que encontramos esta creencia en la deidad de Jesús, y ofreceremos solo unos pocos ejemplos:[18]

Clemente de Roma (100 d. C.), el primero de los padres apostólicos,[19] dijo: "Debemos pensar en Jesús como pensamos en Dios". Otro padre temprano, Ignacio (c. 100 d. C.), dijo de Jesús que era "el propio Dios que vino a nosotros en forma humana".

A mediados del siglo II d. C., Justino Mártir (conocido con este apelativo porque padeció martirio) dijo: "el Padre del universo tuvo un Hijo, quien siendo el Verbo y el primogénito, es también Dios".[20] Un padre de la Iglesia importante de finales del siglo II, Clemente de Alejandría (170 d. C.), hablando de Jesús, afirmó: "Nuestro educador, oh hijos, se parece a su Padre, Dios, de quien es Hijo. Carece de pecado y de culpa, sin pasión de ánimo, siendo Dios inmaculado en forma de hombre, que cumple la voluntad de su Padre".[21] En otro pasaje, Clemente dijo: "Siendo como Dios y como hombre, el Señor nos ofrece todo tipo de ayuda y de servicio. Como Dios, perdona los pecados; y como hombre, nos enseña a eludirlos por completo".[22] El padre de la Iglesia latina fue Tertuliano, abogado y teólogo. Su mente brillante intentó comprender el misterio de Dios y nos proporcionó la palabra *trinitas*, que en latín significa "tres en uno", y de la que derivamos nuestro término *Trinidad*. Dijo sobre Jesús: "el Dios único tiene también un Hijo, su Verbo, que procede de sí mismo, por medio de quien fueron hechas todas las cosas y sin el cual nada fue hecho: que fue enviado por el Padre a la virgen, y nació de ella como hombre y Dios. Hijo del Hombre, Hijo de Dios".[23] El primer gran teólogo de la Iglesia fue Ireneo, un teólogo sirio que luego se convertiría en obispo en Lyon, en la Galia (Francia), y que haciendo referencia a Jesús, dijo: "para que Cristo Jesús, nuestro Señor, Dios, Salvador y Rey, según la voluntad del Padre invisible…”.[24]

A principios del siglo III, Hipólito, un teólogo latino, habló de la enseñanza del apóstol Juan sobre Jesús en Juan 1:1: “Y el bendito Juan, en el testimonio de su Evangelio, nos ofrece una exposición de esta economía y admite que este Verbo era Dios, cuando sostiene que ‘En el principio ya existía el Verbo, y el Verbo estaba con Dios, y el Verbo era Dios’. Por lo tanto, si el Verbo estaba con Dios y era también Dios, ¿cuál es la consecuencia? ¿Diríamos que habla de dos dioses? Yo sin duda no hablaré de dos dioses, sino de uno solo; sin embargo, sí de dos personas, y de una tercera economía, la gracia del Espíritu Santo”.[25]

Los padres de la Iglesia, a partir del siglo III, sobre todo del Concilio de Nicea, hablaron de Jesús como Dios, aunque la relación que mantiene el Hijo con su Padre en lo relativo a los atributos de la Deidad era tema de discrepancia entre algunos creyentes heterodoxos. Nadie creía que fuera solo un hombre.

39. ¿Fundó Pablo una nueva religión?

Algunos han sostenido que Pablo inició una nueva religión, pero cuando comparamos el modo en que Jesús se veía a sí mismo y la manera en que lo retratan otros apóstoles en sus escritos, Pablo está de acuerdo con lo que sabemos sobre Jesús. Consideraba que la persona Jesús era Dios y hombre, en el sentido genuino de estas palabras.

El apóstol pensaba que Jesús era el Dios eterno, que habitó entre los humanos. En Romanos 9:5 habla de Jesús como “Dios sobre todas las cosas”. En un himno dedicado a Cristo (seguramente tomado de Pablo), dice que Jesús participaba de la verdadera naturaleza de Dios (Fil. 2:6) antes de adoptar la humanidad, y que declaró que todos caerían de rodillas para declarar que Jesús, el Mesías, era Yahvé (Fil. 2:9-10), citando Isaías 45:23. En Romanos 1:3-4, Pablo proclamó que Jesús fue declarado (no hecho) Hijo de Dios mediante el acto de su resurrección.

Pablo disponía de un conocimiento amplio del Jesús histórico. Identificó a Jesús con Jesús de Nazaret. Dijo que Jesús era israelita (Ro. 9:4), que pertenecía a la tribu de David (Ro. 1:3), que vivió bajo la ley (Gá. 4:4), que tenía un hermano llamado Jacobo (Gá. 1:19), que era pobre (2 Co. 8:9), que ministró entre los judíos (Ro. 15:8), que tuvo doce discípulos (1 Co. 15:5), que instituyó la Santa Cena (1 Co. 11:23-25), y que fue crucificado, enterrado y resucitado entre de los muertos (1 Co. 1:23; 15:4; 2 Co. 13:4; Gá. 3:1, 13).

Pablo también conocía las tradiciones sobre el carácter de Jesús: su mansedumbre y amabilidad (2 Co. 10:1), su obediencia a Dios (Ro. 5:19), su perseverancia (2 Ts. 3:5), su gracia (2 Co. 8:9), su amor (Ro. 8:35), su negación total de sí mismo (Fil. 2:6-8), su justicia (Ro. 5:18) y su carencia de pecado (2 Co. 5:21).

Pablo conocía muchas citas de las enseñanzas de Jesús, aunque posiblemente estas se basaban en la tradición oral y no en los relatos de los Evangelios, si se tiene en cuenta la fecha temprana de sus escritos. En 1 Corintios 7:10-11 cita la enseñanza de Jesús sobre el divorcio, que puede encontrarse en Marcos 10:2-12. Citando una analogía que hallamos en Lucas 10:7, dice que un predicador del evangelio tiene derecho a que satisfagan sus necesidades materiales (1 Co. 9:14; 1 Ti. 5:18). Las palabras de la institución de la eucaristía (tal como las dijo Jesús en Mt. 26:26-29, Mr. 14:22-25 y Lc. 22:14-23) se encuentran en 1 Corintios 11:23-32, cuando Pablo enseña a los corintios la importancia de la Cena del Señor.

Por último, el apóstol Pablo fundamenta su enseñanza sobre la de Cristo en Romanos 12:1—15:7 (cp. Mt. 5—7), 2 Corintios 10:1 (cp. Mt. 11:29), Romanos 15:1 (cp. Mr. 8:34), Romanos 15:3 (cp. Mr. 10:45) y Filipenses 2:7 (cp. Lc. 22:27 y Jn. 13:4-17).

40. ¿Qué relación existe entre Jesús y los evangelios gnósticos?

El origen del gnosticismo es una cuestión muy debatida. Algunos han intentado enfocarlo como un movimiento contemporáneo al cristianismo judío y, por lo tanto, como una forma de cristianismo alternativa del siglo I. Este punto de vista carece prácticamente de apoyos, pero cuenta con muchas suposiciones y medios de comunicación populares que la respaldan. En realidad, el cristianismo primitivo descansa sobre la teología del Antiguo Testamento como la enseñó Cristo, y sobre las enseñanzas de Cristo tal como las enseñaron y transmitieron los apóstoles. Varias décadas después de que se diera a conocer el cuerpo de creencias enseñado por Jesús y los apóstoles, aparecieron unas visiones heréticas de Cristo a las que se opusieron el apóstol Juan y el padre de la Iglesia Ignacio. Estos paradigmas se encuentran más tarde, bajo una forma más desarrollada, en el gnosticismo que surgió en el siglo II en Egipto, junto con perspectivas heréticas sobre Dios, el hombre, el pecado y la salvación. El gnosticismo era sincretista, reuniendo aspectos del pensamiento filosófico griego sobre la naturaleza de los mundos material e inmaterial, paradigmas judíos sobre los rituales y sobre la historia y los personajes del Antiguo Testamento, ideas zoroástricas persas sobre el dualismo ético, símbolos del cristianismo y la persona de Cristo.

Hasta mediados del siglo XX, se sabía poco del

gnosticismo aparte de lo que escribieron algunos padres de la Iglesia en sus reprensiones, sobre todo Ireneo en *Contra las herejías*. Entonces, en 1945, en un lugar del Alto Egipto llamado Nag Hammadi, se descubrió una biblioteca de documentos antiguos, en la que figuraban varios evangelios gnósticos (entre otros escritos) que hablaban de Jesús, a menudo de formas bastante distintas a como lo hacen los Evangelios del siglo I. La Iglesia nunca ha aceptado estas obras como canónicas, ni como representativas de la vida y las enseñanzas de Jesús tal como las conservaron los apóstoles y sus seguidores. Sin embargo, muchos escépticos modernos las han aceptado, porque ofrecen una alternativa a la teología de Cristo como se expone en el Nuevo Testamento, y porque rechazan el concepto de un texto neotestamentario inspirado escrito por testigos oculares y sus asociados.

Por lo tanto, ¿qué imagen se tiene de Jesús en los documentos gnósticos? Leamos las palabras de Ireneo:

> Entre estos, Saturnino procedía de Antioquía... como Menandro, enseñaba que existe un Padre (*unum pater incognitum*), que creó a los ángeles, los arcángeles, las virtudes, las potestades; y que el mundo, y todo lo que contiene, fue creado por siete ángeles. La humanidad también fue hecha por estos ángeles... También declaró que el Salvador no nació, siendo incorpóreo y sin forma, afirmando que fue visto como ser humano solamente en su apariencia. El Dios de los judíos, declara, es uno de los ángeles; y como el Padre quiso destruir a todos los gobernantes (*Principes*), Cristo vino a destruir al Dios de los judíos.[26]

Por lo tanto, según el gnosticismo, Jesús no era el Dios del Antiguo Testamento, sino que procedió del espíritu último [que Ireneo no menciona en esta cita] para destruir al Dios del Antiguo Testamento. Además, Jesús no fue un ser corporal, sino solamente un espíritu que parecía ser de carne y hueso. Juan contesta a esta herejía, aunque no al gnosticismo desarrollado que pudo haberse formado tres décadas después, cuando dice que cualquiera que niegue que Jesús vino en carne y permanece en ella no es de Dios (1 Jn. 4:2-3).[27]

SEXTA PARTE

Jesús y los paradigmas alternativos

41. ¿Qué enseñaron sobre Jesús las herejías antiguas?

En el periodo comprendido entre finales del primer siglo d. C. y el siglo V surgió un número considerable de herejías relativas a la persona de Jesús el Mesías, que rechazaban su plena humanidad o su plena deidad. Primero examinaremos las herejías que ponían en duda su deidad, y luego las que atacaban su humanidad.

Herejías relativas a la plena deidad

Al principio, entre un grupo judío conocido como los ebionitas (que significa "pobres", posiblemente de espíritu), el ebionismo sostenía la opinión de que Jesús era solo un hombre en el que habitada el Espíritu de Dios, aunque posiblemente en un sentido *adopcionista* en el que el espíritu divino sustituyó al espíritu humano de Jesús. Los ebionitas también creían que la obediencia a la ley era necesaria para la salvación.

En el siglo IV surgió una herejía conocida como arrianismo. Arrio fue un obispo de Alejandría que enseñó que Jesús era divino pero que no compartía los mismos atributos indivisos de Dios con el Padre.

Declaró que Jesús era un ser creado. A Arrio se opuso un diácono alejandrino llamado Atanasio, una persona intelectualmente meticulosa y comprometida con la enseñanza de las Escrituras. Atanasio arguyó que el Hijo fue eternamente engendrado del Padre, y compartía la esencia indivisa y exacta de Dios con Él. Como enuncia el credo, el Hijo es "Dios verdadero de Dios verdadero, engendrado, no creado". El punto de vista de Atanasio quedó cristalizado en el Credo de Nicea (325 d. C.), y confirmado en el de Constantinopla (Nicea II) en el año 381. El voto final en Nicea fue de aproximadamente 300 a favor del Credo contra dos votos en contra.

Otra herejía que se desarrolló en el siglo II d. C. y que persistió hasta el siglo V se conoce como modalismo. Los defensores de esta herejía arguyen que la Deidad (o ser divino) tiene una sola persona, no tres. El punto de vista más habitual es el que expresó Sabelio, quien dijo que el Verbo era el Padre en la creación, el Hijo en la redención y el Espíritu Santo en la Iglesia. Vinculada con esta opinión se encuentra la creencia errónea de que el Padre sufrió en la cruz. Los modalistas creían que existe una persona que desempeña diversos papeles en el drama de la historia humana. Esto es contrario a la fe de la Iglesia a lo largo de toda su historia, porque aquella ha afirmado que el Padre, el Hijo y el Espíritu Santo son un Dios, y cada persona de la Deidad posee la totalidad de la naturaleza divina sin división, pero siendo distinta (no separada) de las demás.

Herejías relacionadas con la plena humanidad

El gnosticismo negaba la verdadera humanidad de Jesús. Tomando prestado el paradigma griego de que el cuerpo era secundario al espíritu, incluso una especie de cárcel, los gnósticos ampliaron la dicotomía de Platón y creyeron que Jesús era solo un hombre de carne y hueso en apariencia. En realidad, enseñaban que Jesús entró en el mundo para contribuir a libertar a los humanos de la fragilidad de su naturaleza, ofreciéndoles un conocimiento secreto de la salvación. Jesús era una parte del espíritu divino último que penetró en el mundo por medio de la virgen, en lo que se pensó que fue un nacimiento físico, y al final se convirtió de nuevo en espíritu para reunirse con el espíritu divino. Esta combinación de pensamiento oriental e ideas cristianas encontró un adversario en el teólogo cristiano Ireneo, en su obra *Contra las herejías*.

Una herejía anterior de Cerinto tuvo en común con el gnosticismo el rechazo de la humanidad verdadera de Jesús, pero Cerinto manifestó también la creencia en el adopcionismo, en el cual el Verbo divino se unió con el hombre Jesús en su bautismo, pero le abandonó antes de su muerte. En otras palabras, no existió una verdadera encarnación del Hijo.

Herejías relativas a la confusión de la humanidad con la deidad

Por último, a finales del siglo IV y principios del V surgieron dos herejías relativas a la relación entre lo humano y lo divino en Jesús. Un padre de la Iglesia dijo que en Cristo había dos consciencias o personas, de modo que la mente de Cristo estaba dividida entre la naturaleza humana y la divina. A Nestorio se le declaró hereje por tener esta idea, aunque él negó opinar esto. Quien reaccionó contra Nestorio fue el obispo Eutiques, el cual dijo que Cristo no tenía dos naturalezas distintas, sino en realidad una mezcla de lo humano y lo divino que formaba una nueva naturaleza, un Dios-hombre, en lugar de ser Dios y hombre.

Lo que deben mantener los cristianos es la creencia de que el Hijo eterno de Dios, que es plenamente Dios en todos los sentidos, y que comparte la totalidad de la esencia divina, entró en la historia humana sin renunciar a ninguno de sus atributos divinos. En la tierra, Él fue plenamente Dios y plenamente hombre, como lo es ahora, una persona en dos naturalezas.

Herejía	Fecha	Punto de vista
Ebionismo	Siglos I – IV	Filosofía judía de los siglos I y II que creía que Jesús era el Mesías del que se hablaba en las Escrituras hebreas, pero solo un hombre, no Dios.
Cerintianismo	c. 100	Cerinto creía que el Verbo (*Logos*) descendió sobre el Jesús humano durante su bautismo, abandonándole antes de su muerte en la cruz.
Gnosticismo	Siglos II – IV	El gnosticismo adoptó una diversidad de formas, pero en general propugnaba un dios diferente al del Antiguo Testamento. Creía que Jesús solo tuvo la apariencia de ser humano.
Valentinianismo	c. 100 – c. 160	Es la más sofisticada de las posturas gnósticas, y defendía una serie de emanaciones del Padre supremo. Jesús fue un eón que parecía tener forma mortal, pero en realidad fue un ser inmaterial de fuera del mundo. El Salvador traería iluminación, no perdón.

Herejía	Fecha	Punto de vista
Marcionismo	c. 110 – 160	Marción es el más conocido de los herejes de la Iglesia primitiva. Era antisemita, y creía en un dios del Antiguo Testamento y otro del Nuevo, opuestos entre sí. Jesús fue un ente espiritual enviado al mundo. Marción desarrolló un canon escritural que excluía el Antiguo Testamento, y solo incluía Lucas, Hechos y las epístolas paulinas.
Maniqueísmo	c. 210 – 276	Mani se consideraba el profeta de la religión definitiva, en la línea de otros profetas, incluyendo a Jesús. Se vio influido por el gnosticismo y creía en dos esferas de existencia: la luz y las tinieblas (una gobernada por Dios y la otra, por Satanás).
Monarquianismo	Siglo II	El monarquianismo apareció de dos maneras. La primera fue el monarquianismo dinámico, en el que Dios es unipersonal; y Jesús, solo un hombre. El monarquianismo modalista decía que el Verbo (*Logos*) de Dios se manifestaba en tres formas: Padre, Hijo y Espíritu Santo, pero siendo una sola persona.
Arrianismo	Siglo IV	Es la postura de Arrio, obispo de Alejandría. El Verbo fue creado por el Padre, y aunque tenía aspectos divinos, no tenía la misma esencia del Padre.

Herejía	Fecha	Punto de vista
Apolinarismo	Siglos IV – principios del V	El apolinarismo sostenía que el Verbo (*Logos*) habitó en un Jesús humano, de modo que este no fue un ser humano pleno.
Eutiquianismo	Finales siglo IV – mediados siglo V	El eutiquianismo creía que Jesús no tuvo dos naturalezas distintas, sino que sus naturalezas humana y divina se fundieron en una tercera nueva.
Nestorianismo	Finales siglo IV – mediados siglo V	Nestorio dijo que las naturalezas divina y humana estaban totalmente separadas, dando como resultado dos personas y dos naturalezas.

Fuente: Adaptado de H. Wayne House, *The Jesus Who Never Lived* (Eugene, OR: Harvest House, 2008), pp. 257-259. Usado con permiso.

42. ¿Quién es Jesús para el Islam?

Viajes de Jesús en tierras lejanas

Los musulmanes no creen que Jesús muriera en la cruz, sino que, más bien, según ciertas tradiciones islámicas, Jesús viajó entre los árabes después de la supuesta muerte de Judas en la cruz. Supuestamente fue a Damasco donde estuvo unos dos años, y Pablo se encontró con Él cerca de la ciudad. Se dice que predicó al rey de Nisibis, al sureste de Turquía, y otra historia dice que fue a Afganistán, donde hizo milagros. Incluso otros, apoyándose en la sura 23:50 del Corán, afirman que visitó lo que hoy día es Pakistán. Presuntamente, María y Jesús vivieron en ese país, donde ella fue enterrada. (Sin embargo, como veremos a continuación, muchos otros musulmanes creen que Jesús ascendió a los cielos sin haber efectuado esos viajes).

Afirmaciones del Islam sobre Jesús

Jesús ocupa un papel único y respetado en el Islam, pero no es el punto de vista cristiano de Jesucristo.[1] El Islam nació a mediados del siglo VII d. C., pero los musulmanes afirman que en realidad fueron el judaísmo y el cristianismo los que nacieron de su fe monoteísta. El patriarca Abraham (Ibrahim), fechado en el año 2000 a. C., es un personaje destacado en el Corán, y se le considera el arquetipo del perfecto musulmán, lo que se conoce como *hernif*, alguien que sabe y cree intrínsecamente que solo existe un Dios. Por lo tanto, a Moisés (Musa) también se le da un lugar especial en el Islam junto a diversos profetas y, por último, a Jesús. "Islam" significa "sumisión", y "musulmán" "el que se somete". Según el Islam, Abraham y otros hombres justos del Antiguo Testamento se sometieron a Dios, de modo que fueron musulmanes que se sometieron al único Dios, Alá.

Sin embargo, el hecho de que los musulmanes crean en un solo Dios no prueba que adoren al Dios de Abraham.[2] Mahoma llegó a creer en un solo Dios en lugar de adoptar el politeísmo que le rodeaba en Arabia, probablemente debido a su contacto con judíos y cristianos. Parece que fue de esta manera como obtuvo su conocimiento de personajes bíblicos y, sobre todo, de la persona de Jesús. Incluso exhortó a sus seguidores, en la primera etapa de desarrollo del Islam, a que acudieran al pueblo del Libro si querían obtener conocimientos religiosos, algo que cambió en el periodo posterior a su viaje a La Meca. La única Biblia cristiana que existía a mediados del siglo VII d. C. serían los códices y manuscritos a los que tenemos acceso hoy día. El Islam enseña muchas cosas sobre Jesús que, en parte, encajan con lo que nos enseña el Nuevo Testamento, pero, como podemos imaginar, hay ciertos elementos que reflejan puntos de vista islámicos. Lamentablemente, el cristianismo con el que entró en contacto Mahoma no fue ortodoxo, sino herético (sobre todo el arrianismo). El resultado fue una visión del cristianismo (y del judaísmo) que en gran medida era sincretista, ecléctica y herética.

Según el Islam, Jesús fue el mayor profeta hasta la aparición de Mahoma, y se le reconoce como el Mesías (*Al-Masih*, término semejante al *ha-mashiach* hebreo), la palabra de Alá y el hijo de María, una virgen (Sura 3:42 y otras; ver 21:91; 66:12; 23:50; María es la única mujer a la que se menciona en el Corán). En árabe, a Jesús se le conoce como *'Isa* (un nombre no muy cercano a su apelativo en hebreo, *Yeshua'*, a pesar de que son idiomas cognados). Supuestamente, el evangelio (*Injil*) de Jesús (Sura 19:31; 4:169; 3:48; 4:46) se perdió y corrompió a manos de cristianos posteriores, de modo que el Corán es la única guía confiable sobre las enseñanzas de Jesús. El Corán enseña que fue obrador de milagros durante su ministerio (Sura 5:112-114), y se dice que predijo la venida de Mahoma (Sura 6:16).[3] Se dice también que Jesús acudió a Israel para exhortar a sus habitantes a obedecer a Alá. Por último, a Jesús se le considera el juez futuro de aquellos cristianos y judíos que no aceptaron la verdad del Islam. Piensan que, cuando Jesús regrese, todos los judíos y cristianos aceptarán las enseñanzas islámicas sobre Él. Entonces morirá y será sepultado junto a Mahoma. El Islam niega que Jesús fuera divino, y que fuera crucificado en una cruz.[4] También niega la resurrección. En cambio, "según la tradición islámica, cuando los judíos pretendieron matar a Jesús, Dios les superó en astucia al proyectar su semejanza sobre otra persona, a la que crucificaron equivocadamente. Entre tanto, hizo que Jesús ascendiera al segundo o tercer cielo, donde sigue vivo".[5]

Los puntos de vista islámicos que hemos expuesto contienen una pequeña parte de la verdad, a saber, que nació de una virgen, que hizo milagros, que vino a llamar a Israel al arrepentimiento, que prometió otro ayudador que enviaría el Padre, y que volverá como juez justo. Lamentablemente para los seguidores del Islam, las verdades bíblicas son diferentes de los puntos de vista que defiende esa religión, y para el cristiano son mucho más gloriosas mientras esperamos a nuestro Dios y Salvador, el Mesías Jesús (Tit. 2:13; 2 P. 1:1-3).

43. ¿Quién es Jesús para las religiones orientales?

Quizá a los lectores les sorprenda descubrir que existe una tradición sobre Jesús en el Extremo Oriente.[6] Esta sorpresa se deberá seguramente a dos motivos. El primero es la gran distancia entre los puntos donde tuvieron lugar la vida y el ministerio de Cristo y la extensión del evangelio registrada en el Nuevo Testamento. El segundo es la gran diferencia entre las creencias judeocristianas y las existentes en oriente.

Quienes creen que Jesús se vio influenciado por la religión y el pensamiento filosófico orientales pensaron en superar esos dos obstáculos por dos vías diferentes. Primero, creen que en el momento en que empezó su ministerio público, entre los 30 y los 35 años de edad, Jesús viajó a Extremo Oriente y volvió a Nazaret tras su estancia en Egipto. Segundo, sostienen que Jesús tenía mucho en común con la filosofía de personajes orientales como Krishna o Buda, y que esa influencia se percibe en su enseñanza. Tercero, algunos piensan que la enseñanza sobre Jesús es un préstamo tomado de aspectos hinduistas de la historia de Krishna.

¿Existe alguna evidencia de que Jesús viajara por Oriente para estudiar en las tierras de India o China? No existen evidencias creíbles de que Jesús saliera de Israel para recorrer la gran distancia que le separaba de India, China o incluso un país más cercano, como Persia. Esto no son más que imaginaciones por parte de quienes desean negar la unicidad de los sucesos que rodearon a Jesús y sus enseñanzas.[7] Sabemos que cruzó el río Jordán hasta Perea, y que llegó hasta el monte Hermón al norte, pero aparte de esto, sus viajes se circunscribieron al mar de Galilea y a Jerusalén, adonde iba para celebrar las fiestas religiosas. Es cierto que probablemente Tomás llegase a India para predicar el evangelio (seguramente dando pie así a estas historias), pero no existen evidencias de que Jesús lo hiciera.

En segundo lugar, ¿existen semejanzas entre la enseñanza de Jesús y las que hallamos en el hinduismo y el budismo? Algunos han alegado que existen similitudes entre las enseñanzas de Jesús y las de Krishna y Buda. ¿En qué sentido son parecidas, según esos proponentes? Krishna es el principio, el punto central y el final de todos los seres, y Jesús es el principio y el fin de todas las cosas. El texto bíblico presenta a Jesús como un ser eterno, mientras que el hinduismo entiende que Krishna es el origen de todos los seres. Supuestamente, la narración del nacimiento de Jesús en Lucas 2:25-35 se parece a la historia de Asita que figura en el *Bhagavad-Gita*, pero un vistazo somero a un pasaje de este último, 10:12-13, demuestra que no es un paralelo del relato de Lucas.[8] Jesús habló a menudo del reino de Dios y, supuestamente, el *Bhagavad-Gita* hace comentarios parecidos. Sin embargo, cuando uno lee los relatos, el concepto hinduista de reino es bastante distinto al sentido que le da la Biblia, tanto por lo que respecta a su naturaleza como al fundamento de la entrada de una persona en él.[9] Cuando uno examina la vida de Krishna en busca de los elementos necesarios de la enseñanza de Jesús contenida en los Evangelios, no encuentra "el nacimiento virginal, la encarnación, la vida sin pecado, la crucifixión, el descenso al infierno, la resurrección, la ascensión al cielo".[10]

La única similitud entre las enseñanzas de Buda y las de Jesús tiene que ver con la compasión hacia las personas y con la necesidad de transformar la enseñanza religiosa contemporánea. Podríamos aportar muchos más datos, pero la vida y las enseñanzas de Jesús difieren considerablemente de las de Krishna o Buda.

En tercer lugar, ¿está la historia de Jesús fundamentada en la de Krishna? Este es un mito habitual, y algunos han llegado a afirmar que Eusebio y Agustín creyeron esto. Sin embargo, estos dos padres de la Iglesia nunca afirmaron nada semejante, y se han malinterpretado sus palabras.[11] Según el hinduismo, Krishna, la octava manifestación del dios Visnú, nació entre los años 1200 y 1900 a. C. Se dice que Jesús es una manifestación posterior.

Después de admitir que ambos empezaron sus ministerios teniendo más o menos la misma edad, que los dos ayunaron y llevaron una vida sencilla, la similitud entre Jesús y Buda acaba en gran medida ahí. El significado de estas semejanzas difiere mucho. En tanto que Buda recibió la iluminación mientras estaba sentado bajo un árbol, Jesús recibió su comisión en un acto público, con la luz del Espíritu Santo que descendió como una paloma en su bautismo, y con la voz del

Padre desde los cielos. El ayuno de Jesús se relacionó con resistir la tentación, y no con la contemplación de uno mismo, como en el caso de Buda.

Si bien es cierto, sin duda, que el evangelio de Cristo fue transmitido por Oriente en las décadas y siglos posteriores a la ascensión de Jesucristo, Cristo y el cristianismo son incompatibles con el hinduismo y el budismo (y el pensamiento reciente de la Nueva Era basado en el misticismo oriental).[12] Este último se centra en la contemplación y en la negación del mundo físico, el rechazo de la existencia del pecado como fundamento del juicio eterno y de la necesidad de salvación por medio de la muerte de un hombre perfecto para obtener el perdón de los pecados. Jesús representa el cumplimiento de la Biblia hebrea con su creencia en su mundo físico real, un Dios trascendente y la necesidad del perdón para ser salvo. Jesús y la religión oriental están infinitamente lejos el uno de la otra.[13]

44. ¿Cómo difiere el Jesús histórico del Jesús de la tradición religiosa y de la imagen que ofrecen los medios de comunicación populares?

¿Se reconocería Jesús en el modo en que se le presenta en la religión popular de nuestros tiempos? ¿Cómo ha cambiado la imagen de Jesús con el paso de los numerosos siglos desde que vivió en este mundo? Nuestra manera de hablar o cantar sobre Él, o el modo en que lo representamos en el arte, ¿menoscaba o difumina en algún sentido quién es Jesús? ¿Alguna de esas representaciones constituye una blasfemia? Estas son las preguntas que trataremos brevemente.

La tradición icónica de la Iglesia oriental tiene una manera establecida para representar a Jesús desde los primeros siglos de la Iglesia. En los retratos de Jesús, el artista no puede dar rienda suelta a su imaginación.

Los iconos son más que un retrato; de hecho, se consideran la "carne sagrada" de Cristo. Según la tradición católica romana, las imágenes de Jesús adoptan una diversidad de formas. A veces se le muestra en una cruz, ya sea en cuadros o en esculturas. Estas obras se crearon teniendo en mente la adoración, y las distintas imágenes pretenden expresar doctrinas diferentes de la Iglesia. Se le puede representar como el Buen Pastor, como un Salvador torturado y crucificado, o incluso como un esposo o amante. Todas estas formas de hablar de Jesús se han perpetuado a lo largo de los dos últimos milenios.

Los grandes maestros del Renacimiento aportaron su habilidad de retratar a Jesús en el arte, pero a diferencia de los primeros iconos, que muestran a una persona semejante a un hombre de Oriente Medio moderno, los pintores y escultores renacentistas hicieron que Jesús reflejara un punto de vista europeo, tanto en sus rasgos faciales como en su vestido. Crearon a Jesús a su propia imagen. Con la Reforma llegó una nueva manera de contemplar a Jesús, tanto en el arte como en la teología. Lutero pasó del retrato más suave y estilizado de Jesús a una figura más robusta. La manera típica de enfatizar el sufrimiento de Cristo dio paso a subrayar la propia crucifixión, incluso por medio de figuras como el cordero. Con Calvino se produjo una merma de importancia del arte y una mayor atención a la actividad personal en la adoración mediante las palabras de los cánticos y las predicaciones.

Las imágenes modernas de Jesús han cambiado considerablemente desde los tiempos de la Reforma. El modo en que se ha visto a Jesús ha pasado "de héroe a víctima, de libertador a limitador, de serio a cómico".[14] El arte contemporáneo ha optado por usar a Jesús como símbolo social, político y cultural, en lugar de intentar capturar el concepto teológico del Nuevo Testamento. Algunos incluso crearon a un Jesús antisemita, con un aspecto muy alemán o ario, rodeado de rabinos. En otras obras se le ha presentado como un defensor de las masas o de la justicia social. Las representaciones son innumerables.

El modo en que la música cristiana habla de Jesús es, probablemente, el instrumento contemporáneo más poderoso para conformar la imagen de Jesús que tienen muchos cristianos. En buena parte de la Iglesia occidental, los himnos han sido sustituidos por "cantos de alabanza". En un principio, los himnos se escribieron para enseñar la teología sobre Dios, sobre Jesús como Salvador, la salvación por fe y otras doctrinas importantes. Los cantos de alabanza reflejan el énfasis contemporáneo sobre las estrofas cortas y los estribillos largos. En lugar de desarrollar la enseñanza bíblica sobre Dios, Cristo y la salvación, buena parte de la música de alabanza se centra en cómo Jesús hace sentir al cantante, y la respuesta de este a Él. Buena parte de ella sigue el patrón de la música secular o la música pop religiosa (cristiana), según el cual el cantante está enamorado de Jesús, aunque a menudo no se mencione su nombre, o se habla de Jesús como de un amigo íntimo. A menudo se toman canciones seculares y se convierten en cristianas sin que haya mucha necesidad de cambiar las palabras. Incluso la música secular se dedicó a cantar sobre Jesús y sobre temas religiosos en las décadas de 1960 y 1970, pero sin entender apenas nada sobre Él.

Otra forma en la que la cultura popular presenta a Jesús es la del cine. Hasta *La Pasión de Cristo*, Jesús solía ser alguien muy europeo, y a menudo hablaba con acento británico. En muchas ocasiones parecía alguien débil, o incluso un místico. Algunas películas solo presentaban a Jesús de refilón, como parte de una película religiosa más amplia, como *Ben Hur*, mientras otras, como *Rey de reyes* (1961), se centran en Jesús a partir de diversas afirmaciones sobre su persona contenidas en los Evangelios. Campus Crusade for Christ [Cruzada Estudiantil para Cristo] produjo la película *Jesús*, que se basa en gran medida en las palabras de Jesús tomadas del Evangelio de Lucas; se ha usado en proyectos evangelísticos por todo el mundo, pero el actor principal sigue teniendo un aspecto demasiado europeo. Otras películas, como *Jesucristo Superstar* y *La última tentación de Cristo*, pretendieron ser sensacionalistas y presentar a Jesús bajo una luz poco bíblica y a menudo escandalosa.

En buena parte del cristianismo occidental moderno, los trucos publicitarios culturales como WWJD (What Would Jesus Do?, "¿Qué haría Jesús?") crearon esas pulseras que llevan tantos jóvenes, que entienden poca cosa sobre los relatos evangélicos de Jesús y no tienen ni idea de qué haría Jesús en determinados momentos. Modificaron lo que pensaban que debería hacer Jesús para encajar en su punto de vista sobre Él, aunque en realidad es probable que el Señor actuase de otra manera.

Lo que se ha vuelto popular es la idea de que todo el mundo quiere a Jesús. Por supuesto, lo que significa esto es que todo el mundo ama al Jesús que han creado en sus mentes, y que si estuviera presente el Jesús real, tendrían el mismo tipo de problemas con Él como los que tuvieron quienes se opusieron a su persona y le menospreciaron en el siglo I.

El Jesús del primer siglo fue un hombre de gran integridad y franqueza. Como afirma el dicho, "llamó a las cosas por su nombre". Llamó a los pecadores al arrepentimiento, y no excusó el pecado, ni siquiera entre sus discípulos. Estaba abierto al perdón, pero juzgaba el pecado y al pecador. Estaba plenamente comprometido con la voluntad de su Padre y con la misión para la que había acudido al mundo. Era judío, y por consiguiente adoraba en el templo; se trataba de una adoración conservadora y organizada. No se opuso a los rituales, porque los aplicó en sus oraciones y bendiciones y en su práctica de los festivales religiosos, incluyendo la Pascua. Cuando se enfrentó a problemas, preguntas y tentaciones, siempre apeló a las sagradas Escrituras, no a sentimientos o especulaciones sobre lo que debería hacer. Conocía lo bastante bien las Escrituras hebreas como para saber cuál era el plan de acción o disponer de la respuesta adecuada a las preguntas que se le formulaban. Jesús era plenamente Dios y plenamente hombre, todo en una sola persona. No perdió ni un ápice de su deidad cuando adoptó la humanidad.[15] Fue un Salvador que se sacrificó a sí mismo, y cuando regrese a este mundo, se proclamará Rey.

En un pasaje extendido pero significativo, el teólogo Carl F. H. Henry declaró con astucia:

> En una época en la que a Dios se le caricaturiza mediante las imágenes aberrantes de nuestra cultura insensible, Jesucristo conserva a la perfección y perpetúa la imagen divina. En una época en la que los procesos impersonales (los quarks y los quásares) se consideran lo más importante, Jesucristo se mantiene como el primogénito de toda creación y el Creador soberano de todas las cosas y poderes. En una época en la que el humanismo considera que la historia y la naturaleza son fruto de la casualidad, carentes de propósito y de dirección, Cristo sigue siendo el principio sustentador y unificador

> del universo que existe por medio de Él y para Él. En una época en la que el mundo está plagado de maldades, la plenitud de la Deidad habita en Jesucristo, que mantiene una relación incomparable tanto con la Deidad como con el universo. La esencia divina es suya; precede al universo en el tiempo y lo sobrepasa en rango; es el agente de la creación y su sustentador; le proporciona unidad y sentido, así como un objetivo final.[16]

Jesucristo supera con creces cualquier representación de su persona en el arte, la música, la literatura, el cine o cualquier otra expresión creativa.

La cultura popular tiene muchas imágenes de Jesús. Se le ve como maestro, amigo, profeta, sabio, revolucionario, sanador, ejemplo, líder y muchas otras cosas. Cada una tiene cierta razón, pero ninguna capta lo más importante de todo, algo que la mayor parte de la cultura popular no logra entender ni creer: que Jesucristo es el Salvador.

45. ¿Qué es el Seminario de Jesús y cómo ha influido en los puntos de vista contemporáneos?

Muchos de los lectores de este libro han oído hablar del Seminario de Jesús, pero no saben gran cosa sobre este grupo y los puntos de vista que defiende. Dado que este libro habla de Jesús, en esta sección solamente incluiremos aquellos asuntos relativos directamente a su persona.

El Seminario de Jesús estuvo formado originariamente por unas setenta personas, aunque el número ha variado. La mayoría de ellas no son expertos reconocidos en Nuevo Testamento, pero ha habido algunos eruditos destacados en ese grupo, como Robert Funk, John Dominic Crossan y Marcus Borg. A pesar de que muchos personajes de los medios de comunicación les han dado publicidad, y de que sus puntos de vista se han presentado como dogmas aceptadas por los expertos en Nuevo Testamento, por lo general sus conclusiones han sido objeto de rechazo por parte de la mayoría de eruditos en este campo, tanto liberales como conservadores. Una obra importante elaborada por este grupo recibe el título de *The Five Gospels: The Search for The Authentic Words of Jesus* [Los cinco Evangelios: La búsqueda de las palabras auténticas de Jesús]. A la mayoría de componentes del mundo cristiano les sorprenderá saber que hay cinco Evangelios, no cuatro; esto es esencial para el punto de vista que ofrece el Seminario de Jesús. El quinto Evangelio es un evangelio pseudognóstico del siglo II, compuesto por dichos que supuestamente pronunció Jesús. La mayoría tiene una naturaleza mística, aunque algunos se parecen a las palabras de Jesús en el Nuevo Testamento. A pesar de todo, el Seminario de Jesús ha intentado presentar esta obra como el evangelio más importante por su autenticidad, y sostiene que debería fecharse a mediados del siglo I.

Lo que es evidente en seguida entre los participantes de este seminario es un gran rechazo por lo que ha creído la Iglesia sobre Jesús desde sus inicios, a saber: que Jesús es Dios, nació de una virgen, sanó a enfermos y resucitó de los muertos. Robert Funk afirma que: "El Cristo del credo y del dogma… ya no puede exigir" nuestra atención, dado que somos personas modernas. La ciencia ha "desmantelado las moradas mitológicas de los dioses y de Satanás, proporcionándonos cielos seculares".[17] El exsacerdote católico romano John Dominic Crossan dice que Jesús "no curó ni pudo curar esa enfermedad ni ninguna otra".[18] Lo que es más importante, dice: "No creo que nadie, en ningún lugar ni en ningún momento, haya resucitado a otra persona".[19]

A pesar del rechazo menospreciativo de Crossan hacia su fe anterior, capta la controversia real entre el Seminario de Jesús y el cristianismo ortodoxo e histórico cuando dice: "En realidad, nuestra discrepancia es la reafirmación contemporánea de un debate muy, muy antiguo, tanto como el propio cristianismo, la lucha entre el cristianismo católico, universal o encarnacional y el cristianismo docético, *gnóstico* o espiritual".[20]

Al menos Crossan entiende que existe un conflicto de proporciones cataclísmicas entre los dos puntos de vista sobre el mundo y sobre Jesús. En la sociedad contemporánea existe una guerra de cosmovisiones, en la que un grupo sustancial e influyente de críticos desea minimizar, por no decir eliminar, la comprensión histórica de quién es Jesús. Al hacerlo, el Jesús que se nos presenta en los Evangelios bíblicos de Mateo, Marcos, Lucas y Juan ha sido sustituido por una reestructuración provisional de su carácter, su misión, sus hechos y sus palabras. Es imposible separar la fe de la historia, porque la fe debe tener un objeto. Si no existe un Jesús real tal como aparece en los Evangelios, no hay un verdadero motivo para la existencia del cristianismo. La fe genuina no es una fe irrazonable (1 Co. 15), sino que se fundamenta en evidencias que explican los hechos. No podemos dejar a un lado como si nada el auge de los relatos evangélicos tan cercanos a la muerte y a la resurrección de Cristo. Él murió y resucitó, y si esto no fuera así, se podría haber demostrado fácilmente, de modo que el cristianismo nunca habría calado en el mundo ofreciendo un mensaje contrario al sentido común. Segundo, uno tiene que explicar el auge y la permanencia del cristianismo. Las personas pueden estar dispuestas a sufrir y morir por lo que creen que es cierto, pero no lo harán por lo que consideran que es mentira.

SÉPTIMA PARTE

Jesús y algunas cuestiones difíciles de la Biblia

46. ¿Cómo puede ser que Jesús estuviera con Dios y aún así fuera Dios?

Juan 1:1 dice: "En el principio era el Verbo, y el Verbo era con [estaba frente al] Dios, y el Verbo era Dios". Este breve versículo está repleto de una verdad maravillosa, teológica, que el apóstol Juan escribió cuidadosamente en griego.

La primera frase indica que el Verbo (*Logos*) no fue creado al principio de la creación. Cuando tuvo comienzo el principio (por así decirlo), el Verbo ya existía. El Verbo estaba frente a Dios. En la segunda frase hay dos cosas que requieren una clarificación, a saber: el significado de *con*, que se encuentra en algunas versiones, y de quién estaba delante. El lenguaje griego puede expresar al menos tres sentidos de *con* (asociación). Una palabra griega, *syn*, define una asociación relacional, como "estar juntos" o "acompañar", entre otras connotaciones semánticas. Otra palabra es *meta*, que a menudo no puede distinguirse de *syn*, pero puede expresar "en compañía de" otro. El término que se usa en Juan 1:1 es el término griego *pros*, que indica la idea de "dirección" u "orientación hacia alguien o algo". En este versículo se podría traducir "hacia Dios", pero quizá la mejor traducción sea "delante de". Esto se refleja en Juan 1:18, en el que se dice que el Hijo está en el seno del Padre y, por lo tanto, a diferencia de cualquier otro (dado que nadie ha visto el rostro de Dios), el Hijo puede declararle. El Verbo (Hijo), que es eterno, como lo es el Padre, está enfrente de (el) Dios. El griego en este caso incluye el artículo con el propósito de expresar identidad, como lo hacemos al señalar con el dedo a alguien o algo. En este caso, Dios es el Padre del Hijo eterno, una relación que se desarrolla a lo largo del libro de Juan: "Ahora pues, Padre, glorifícame tú al lado tuyo, con aquella gloria que tuve contigo antes que el mundo fuese" (Jn. 17:5). Vemos una expresión muy parecida del mismo autor cuando habla sobre Jesús y el Padre en su primera epístola: "Lo que era desde el principio, lo que hemos oído, lo que hemos visto con nuestros propios ojos, lo que hemos contemplado, y palparon nuestras manos tocante al Verbo de vida (porque la vida fue manifestada, y la hemos visto, y testificamos, y os anunciamos la vida eterna, la cual estaba con el Padre y se nos manifestó)" (1 Jn. 1:1-2). Aquí, Juan identifica a la persona que está *frente al* Verbo (el mismo término griego para *con*): es el Padre. Por consiguiente, el Hijo está delante del Padre; son dos personas diferentes. La última es incuestionablemente Dios, pero, ¿qué hay del Hijo que está frente al Padre? La última frase de Juan 1:1 clarifica este tema: el griego dice que "el Verbo era Dios". ¿Cómo es posible que el Verbo esté delante de Dios y sea Dios al mismo tiempo? Esto puede suponer un problema para algunos que niegan la deidad de Cristo, pero el problema no radica en la gramática del idioma griego. Si en griego la frase hubiera dicho "y el Verbo era (el) Dios", se hubiese producido una contradicción insuperable. Dado que no contiene el artículo (y el griego carece de artículo indefinido), se refiere a la cualidad del Verbo, y no a su identidad. La construcción significa "todo aquello que signifique ser Dios, el Verbo lo es". El Padre y el Hijo son personas distintas, pero ambos son realmente Dios.

47. ¿Cómo es posible que Jesús sea eterno y aún así el primogénito de la creación?

Colosenses 1:15 y Apocalipsis 3:14, en muchas traducciones, dan la impresión de que Jesús tuvo un principio. Esto no es así, y la conclusión es fruto de una mala comprensión y, en ocasiones, una mala traducción de esos dos pasajes. Examinemos cuidadosamente cada uno de ellos.

Colosenses 1:15 dice: "Él es la imagen del Dios invisible, el primogénito de toda creación". Algunos han interpretado esta última afirmación sobre el Hijo como si dijera que fue lo primero que nació en el momento de la creación. El término griego para *primogénito* es *protokokos*. Puede tener un sentido activo o pasivo. El sentido pasivo habla del orden de nacimiento, el primer nacido; el sentido activo habla de un estatus especial. También hemos de tener en cuenta si la palabra que sigue a *primogénito* es el objeto de este sustantivo o el sujeto. Si se trata del objeto, se traduciría "Él es la imagen del Dios invisible, el primogénito *sobre* toda creación". No nace de la creación (sentido subjetivo), y tiene una posición "sobre" la creación. El hecho de que esta es la manera correcta de entender el versículo 15 queda claro en los versículos siguientes, cuando Pablo escribe: "Porque en él fueron creadas todas las cosas, las que hay en los cielos y las que hay en la tierra, visibles e invisibles, sean tronos, sean dominios, sean principados, sean potestades; todo fue creado por medio de él y para él. Y él es anterior a todas las cosas, y todas las cosas en él subsisten" (Col. 1:16-17). Este significado encaja con Juan 1:3, donde el texto dice que "Todas las cosas por él fueron hechas, y sin él nada de lo que ha sido hecho, fue hecho".

El texto de Apocalipsis presenta una solución parecida a Colosenses 1:15. El versículo incluye apelativos de Jesús como "el testigo fiel y verdadero, el principio de la creación de Dios" (Ap. 3:14). El punto conflictivo es la segunda parte de este apelativo, "el principio de la creación de Dios". Esto significa o bien que Jesús fue el primer ser que creó Dios (Padre), o que fue el "iniciador" de la creación de Dios. En este segundo sentido, el término griego *arche* (principio) puede expresar el concepto de origen. Aquí toma como su objeto (llamado genitivo objetivo) la palabra *creación*. El texto está en consonancia con las enseñanzas del Nuevo Testamento, dejando clara la naturaleza eterna del Hijo, demostrando que Él existía antes de toda creación, como el Creador.

48. ¿Qué significa que Jesús "se despojó a sí mismo"?

Jesucristo siempre ha existido como segunda persona de la Trinidad (Jn. 1:1; 8:58). Junto con Dios Padre (la primera persona) y el Espíritu Santo (la tercera), Jesús es Dios. Existió por toda la eternidad y toda la era del Antiguo Testamento. Pero en el momento propicio en el plan de Dios, se convirtió en hombre, en un ser humano real (Gá. 4:4). Cuando esto sucedió durante su nacimiento, fue pleno Dios y pleno hombre. Sorprendentemente, no dejó de ser Dios; fue Dios en forma humana. Cristo se hizo hombre. Este es el suceso del que habla Pablo en Filipenses 2:5-11, cuando exhorta a los cristianos a llevar una vida de humildad, imitando a Jesucristo.

Usando la comparación de verter el contenido de una jarra o recipiente, Pablo dice que Jesús se "vació" a sí mismo; se despojó de algo. ¿De qué? Jesús se despojó temporalmente de su forma existencial como igual a Dios. No renunció a su deidad y a sus características divinas. Más bien, abandonó temporalmente el cielo para venir al mundo, adoptar forma humana y morir en una cruz por los pecados de todas las personas.

Cuando Jesús vino al mundo, dejó a un lado durante un tiempo o renunció al uso independiente de sus atribuciones divinas. Cuando usó sus atributos como Dios, lo hizo solamente bajo el control del Espíritu Santo y conforme a la voluntad del Padre.

Cuando Pablo dice que Jesús tomó la forma de un siervo, el sentido del verbo *tomó* no es que Jesús cambió una cosa por otra, sino más bien que la añadió. Añadió a su deidad la naturaleza humana. En su persona no se produjo ni la más mínima sustracción de su deidad, sino la adición de su humanidad. Jesús añadió las limitaciones de la humanidad, y temporalmente suspendió el uso de algunas de sus prerrogativas divinas (Mt. 24:36). Dios no puede dejar de ser Dios, pero sí puede adoptar un estatus adicional. La apariencia que Jesús tomó significa que, aunque era un hombre auténtico, hubo aspectos de su humanidad que eran absolutamente distintos a los de otras personas. Por ejemplo, Jesús era humano, pero carecía de naturaleza pecaminosa (He. 4:15).

A nadie le gusta que le humillen. Cuando pasa esto, nos sentimos insignificantes, disminuidos, empequeñecidos y avergonzados. Sin embargo, desde el punto de vista humano, esto es exactamente lo que le sucedió a Jesús. Renunciando al estatus y a los privilegios del cielo, Jesús adoptó libremente la carne y la sangre humanas para servir a todas las personas muriendo por ellas. Su humildad y su identificación con la humanidad no solo incluyó su nacimiento en Belén, sino también su crucifixión y su muerte en Jerusalén. Jesús abandonó el esplendor del cielo por la humildad de la cruz.

49. Cuando Jesús eligió a Judas, ¿sabía que le traicionaría?

Los cuatro autores de los Evangelios del Nuevo Testamento registran la traición de Jesús a manos de Judas (Mt. 26:47-56; Mr. 14:43-52; Lc. 22:47-53; Jn. 18:2-12). Aunque su arresto fue una sorpresa para muchos de los que estaban con Jesús en aquellos momentos, para Él no lo fue. Sabía que le iban a traicionar, y también que Judas sería quien lo haría (Mt. 26:20-25). Jesús era plenamente humano, pero también plenamente Dios; aunque en la encarnación dejó a un lado algunos de sus atributos divinos, Jesús no perdió todo el poder divino, como queda patente en los milagros. El hecho de que Jesús supiera desde siempre que Judas sería quien le iba a traicionar queda claro en dos versículos, Juan 6:64 y Juan 6:70. En estos versículos, Juan escribe: "Pero hay algunos de vosotros que no creen. Porque Jesús conocía desde el principio quiénes eran los que no creían y quién le había de entregar... Jesús les respondió: ¿No os he escogido yo a vosotros los doce, y uno de vosotros es diablo".

Jesús sabía quiénes eran los verdaderos creyentes entre aquellos que afirmaban seguirle. Sabía quién tenía una fe superficial; y quién, una fe auténtica. Jesús tenía un conocimiento sobrenatural (cp. Jn. 1:47; 2:24-25; 6:15), y aún así hizo una elección consciente y deliberada al elegir a Judas como uno de los doce discípulos.

Mientras que Pedro, a pesar de sus defectos, hizo

una confesión de fe de Jesucristo (Jn. 6:69), Judas nunca lo hizo; no existe ninguna evidencia de que creyese de verdad. Aunque Judas era un discípulo y pertenecía al círculo de los doce más cercanos a Jesús, la Biblia nunca nos dice que creyera en Jesús como el Mesías. Como otros discípulos, le siguió durante un tiempo, pero luego se apartó (Jn. 6:66). Judas tenía toda la apariencia de un creyente genuino. Incluso ocupó un cargo de gran responsabilidad entre los discípulos, pues era el encargado de administrar la bolsa común (Jn. 12:6). Sus actos fueron correctos, pero su corazón no. Al principio de su ministerio, Jesús había hablado de tales personas y de su destino tras el juicio final (Mt. 7:21-23). Más adelante, tras la muerte, la resurrección y la ascensión de Jesús, Pablo escribió sobre personas parecidas a Judas, que afirman ser seguidores de Jesucristo pero que realmente no son creyentes (Gá. 2:4; 2 Co. 11:15, 26).

50. ¿Podía haber caído Jesús en la tentación?

Jesucristo era plenamente Dios y plenamente humano, y estos hechos suscitan la pregunta sobre el potencial de pecar en la vida de Jesús. Dado que Jesús era totalmente humano, ¿significa que tuvo naturaleza pecaminosa? La cuestión de si existió la posibilidad de que Jesús cediera a la tentación y pecase se aborda con los términos teológicos *pecabilidad* e *impecabilidad*, que proceden del término latino *peccare*, "pecar". Si uno sostiene la pecabilidad de Jesús, su postura defiende que Cristo pudo pecar, pero no lo hizo. Si uno aboga por su impecabilidad, la postura dice que Cristo no podía pecar. El debate se centra en los conceptos "capaz de no pecar" e "incapaz de pecar", es decir: ¿a Jesús le fue posible abstenerse de pecar o, más bien, su naturaleza era tal que era imposible que pecase?

Según la enseñanza de las Escrituras, ambos puntos de vista admiten que las tentaciones de Jesús fueron reales (He. 4:15), que Cristo experimentó luchas (Mt. 26:36-46), y que no pecó (2 Co. 5:21; He. 7:26; Stg. 5:6; 1 P. 2:22; 3:18; 1 Jn. 3:5). Quienes sostienen que Cristo podía pecar afirman que la conclusión lógica es que si Cristo fue tentado, y dado que lo fue, es que podía haber pecado. Decir que no podía haber pecado es sostener que las tentaciones no fueron reales y que, a la postre, Él no puede identificarse genuinamente con la humanidad. También afirman que si no existía la posibilidad de pecar, Jesús carecía de libre albedrío.

Como respuesta, nosotros afirmamos que el hecho de que Jesús pudiera ser y fuera tentado no significa que fuera susceptible de pecar. Por analogía, destacamos que el mero hecho de que un ejército sea atacado no significa que pueda ser derrotado. Debido a la naturaleza única de Cristo, lo que se nos aplica a nosotros (la tentación y la susceptibilidad) no se le aplica necesariamente a Él. Cristo puede entender e identificarse con el sufrimiento y las tentaciones que experimentan los seres humanos porque, aunque las tentaciones de Él no constituyeron siempre paralelos exactos a las que experimentamos nosotros, su naturaleza humana fue puesta a prueba. Las tentaciones de Cristo fueron idénticas a las nuestras, excepto en el hecho de que no se originaron en Él; fue tentado desde fuera, no desde dentro. Jesucristo manifestó su libre albedrío al no pecar. Aunque fue tentado como nosotros, Jesús no pecó. Como Jesús fue la única persona con doble naturaleza, plenamente divino y totalmente humano, esas naturalezas existían y funcionaban simultáneamente. Si la naturaleza humana hubiera tenido una existencia independiente, teóricamente Jesús podría haber pecado; sin embargo, no existió como tal. Tanto la naturaleza humana como la divina existieron plenamente en Jesús desde el momento de su concepción. Si Jesús hubiera pecado, ese hecho hubiera involucrado a ambas naturalezas, y entonces Jesús no hubiese sido verdaderamente Dios. Por consiguiente, nuestra conclusión debe ser que a Jesús no le era posible pecar. Fue tentado de verdad, pero no sucumbió a la tentación. Debemos recordar siempre que cuando pensamos en temas como estos, estamos tratando con Jesús como plenamente Dios y plenamente hombre; algo que no ha sido cierto ni lo será de ninguna otra persona. También es algo que somos incapaces de entender del todo. Debemos afirmar las enseñanzas de las Escrituras, sabiendo que nuestra comprensión de ellas es verdadera pero incompleta.

51. ¿Cómo puede ser Jesús el Dios omnisciente y aún así no saber el momento de su segunda venida?

En Marcos 13:32, Jesús está en el monte de los Olivos hablando sobre el futuro con Pedro, Jacobo, Juan y Andrés, sobre todo acerca de la era de la tribulación anterior a la segunda venida. Les dice: "Pero de aquel día y de la hora, nadie sabe, ni aun los ángeles que están en el cielo, ni el Hijo, sino el Padre". Aunque la proximidad del regreso de Cristo se puede detectar por los sucesos que la preceden (vv. 28-29), el momento preciso solo lo conoce Dios Padre. ¿Cómo puede Jesús decir que Él, el Hijo, no conoce ese momento, a pesar de que es Dios, y Dios es omnisciente (lo sabe todo)?

La confesión de ignorancia por parte de Jesús ("ni el Hijo") no la hizo para definir los límites o las fronteras del conocimiento teológico de Jesús como segunda persona de la Trinidad, sino para exhortar a los discípulos a que fueran fieles y vigilantes, en lugar de dedicarse a hacer cálculos sobre el calendario. La falta de conocimiento se debe a la humanidad de Jesús, no a su deidad. Este es uno de los pasajes bíblicos que manifiesta la tensión perpetua que existe para entender las naturalezas divina y humana de Jesucristo. Jesús el Hijo, durante su vida y su ministerio terrenales, tuvo limitaciones físicas e intelectuales. Sin embargo, al mismo tiempo, también era Dios. Por ejemplo, Lucas 2:52 afirma: "Y Jesús crecía en sabiduría y en estatura, y en gracia para con Dios y los hombres". En su humanidad, Jesús crecía y aprendía, como cualquier otra persona. Jesús también tuvo sed y se cansó (Mt. 4:2; 21:18; Jn. 4:6; 19:28), y necesitó que los ángeles le sirvieran después de las tentaciones de Satanás en el desierto, y antes de la crucifixión (Mt. 4:11; Lc. 22:43). Jesús fue plenamente Dios y plenamente hombre (1 Ti. 2:5).

El título "Hijo" que usa Jesús en este pasaje afirma que era consciente de su deidad y su condición filial (ver también Mr. 8:38), pero Jesús solamente ejerció sus atributos divinos de acuerdo con el Padre (Mr. 5:30; Jn. 8:28-29). En su humanidad, Jesús disponía de un conocimiento limitado. La encarnación conllevó la limitación voluntaria del uso de los atributos divinos que Jesús tenía como Hijo de Dios (Fil. 2:6-8). El énfasis del pasaje no recae en la ignorancia de Jesús, sino en la necesidad de que los discípulos estuvieran vigilantes, independientemente de las circunstancias o del futuro. La mejor preparación para el futuro es permanecer alertas y obedientes a Dios (Mr. 13:33, 37).

52. ¿Realmente descendió Jesús al infierno?

En 1 Pedro 3:19-20 leemos: "… [Jesús] fue y predicó a los espíritus encarcelados, los que en otro tiempo desobedecieron, cuando una vez esperaba la paciencia de Dios en los días de Noé, mientras se preparaba el arca, en la cual pocas personas, es decir, ocho, fueron salvadas por agua". ¿Cuándo y qué predicó Jesús a los espíritus encarcelados, y quiénes eran? Las palabras de Pedro sobre la predicación de Jesús se encuentran en un pasaje ampliado (1 P. 3:13—4:19) sobre el significado y el propósito del sufrimiento en las vidas de los cristianos. En estos versículos, Pedro recuerda a sus lectores el sufrimiento de Jesucristo en su muerte inmerecida, y las consecuencias de esa muerte. La muerte de Jesús no fue una derrota, sino una victoria espiritual que trajo salvación a todos los que creen. Por medio de su muerte y de su resurrección, Jesús triunfó sobre el pecado, la muerte y Satanás. Además, nada puede sobrevenir a los cristianos que escape al poder y al control de Jesucristo (1 P. 3:22).

El triunfo de Jesús en la crucifixión y la resurrección es indudable, y nadie lo discute. Lo que se ha discutido durante los siglos ha sido cuándo y cómo predicó Jesús a los espíritus encarcelados. Incluso el reformador Martín Lutero consideraba este un versículo extraño, con un sentido complejo, y le costó encontrar su verdadero sentido.

Hay diversos puntos de vista sobre este pasaje, cada uno de los cuales presenta combinaciones o variantes.[1] Uno de los más frecuentes se asocia con el Credo apostólico (pero no con otro credo más amplio y detallado, el de Nicea) en las palabras "descendió al infierno", que implica que durante la crucifixión y la resurrección Jesús predicó a los espíritus encarcelados en el infierno. Se entiende que esos espíritus eran los ángeles caídos, quizá aquellos mencionados en Génesis 6, o seres humanos de los tiempos de Noé o de otras épocas del Antiguo Testamento, que esperan el juicio final de Dios al final de esta era. En consecuencia, esta predicación se interpreta a menudo como condenatoria, y en ella Jesús diría en realidad: "¡Se lo dije!", al anunciar su victoria sobre el pecado y la muerte. Otros sostienen que Jesús bajó al infierno y proclamó libertad a las personas que se arrepintieron justo antes de morir durante el diluvio de Noé (Gn. 6—9). Otra opinión, también asociada con el descenso al infierno pero que adopta una línea interpretativa diferente, sostiene que después de la muerte existe una segunda posibilidad de salvarse (aunque el v. 20 limita la audiencia a los humanos de la época de Noé). Aunque este pasaje se cita a menudo para apoyar ese descenso, no vemos que el pasaje enseñe esa actividad (ver también los comentarios más adelante, sobre Efesios 4:9). En la Biblia tampoco hallamos apoyo alguno para hablar de una segunda posibilidad de salvación tras la muerte (He. 9:27).

Un segundo punto de vista importante es que Jesús proclamó su victoria a los ángeles caídos (seguramente a los que se casaron con mujeres en Gn. 6:9), quizá entre el momento de su muerte y su resurrección o en otro instante no registrado anterior a su ascensión a los cielos o durante esta (Hch. 1:9). Durante la era del Nuevo Testamento, en el judaísmo hubo una firme tradición y creencia en que los ángeles caídos estaban encarcelados (ver, por ejemplo, el libro apócrifo *1 Enoc*, 10-16, 21). Si bien durante la época de Jesús existió mucho interés en los ángeles, no hay la seguridad de que los lectores de Pedro fueran conscientes de la escritura y de la tradición de *1 Enoc*, y además el término griego para *espíritus* en *1 Enoc* no siempre se traduce como seres angélicos (o demonios).

Un tercer punto de vista, cuyo respaldo goza de una larga historia (incluyendo entre sus defensores a Agustín, Tomás de Aquino y muchos durante la Reforma), es que el Cristo preencarnado predicó por medio de Noé a su generación. Bajo este punto de vista, Cristo predicó por medio del Espíritu Santo y la persona de Noé. De la misma manera que el Espíritu Santo habló por medio del rey David en sus tiempos (Hch. 1:16; 4:25), lo mismo sucedió en la época de Noé mientras construía el arca antes del gran diluvio. El mensaje que se predicó fue de arrepentimiento para los incrédulos de la generación de Noé, que se negaron a arrepentirse y ahora están en el infierno. Este punto de vista también encaja bien con 1 Pedro 1:11, que dice que el Cristo preencarnado habló por medio de los profetas del Antiguo Testamento, y con 2 Pedro 2:5, donde se dice que Noé fue un "pregonero de justicia". Un problema con esta perspectiva es que la palabra *espíritu* casi nunca se usa en el Nuevo Testamento para hablar de personas. Ninguna de las interpretaciones es plenamente satisfactoria, y cada una presenta problemas gramaticales, léxicos o teológicos, aunque la tercera parece la más coherente con el contexto inmediato. Dentro de ese contexto, a los lectores de la carta se les exhorta a proclamar osadamente su fe en un entorno hostil, justo como lo hizo Noé. Pueden estar seguros de que, independientemente de lo reducido de su número, Dios los salvará, y Jesucristo triunfará al final sobre el mal.

Lo que está claro es que la resurrección de Jesús fue la confirmación de todo lo que se profetizó en el Antiguo Testamento, y que Jesucristo, "quien habiendo subido al cielo está a la diestra de Dios; y a él están sujetos ángeles, autoridades y potestades" (1 P. 3:22).

Un segundo versículo que se usa a veces para respaldar la idea de que Jesús descendió al infierno es Efesios 4:9: "Y eso de que subió, ¿qué es, sino que también había descendido primero a las partes más bajas de la tierra?". Como vimos antes, la idea de un descenso al infierno ha aparecido a lo largo de los siglos en diversos credos cristianos, sobre todo en las versiones posteriores del Credo apostólico. Pero este no fue escrito por ninguno de los apóstoles ni por un concilio único de la Iglesia. Más bien se desarrolló a lo largo de un periodo de 500 años, entre los años 200 y 750 d. C., y la frase sobre el descenso al infierno se incorporó muy tarde al credo. Uno de los versículos que se citan para respaldar esta enseñanza es Efesios 4:9 (junto con 1 P. 3:19). Pero, ¿qué es lo que tenía en mente Pablo en este pasaje?

En Efesios 4, Pablo habla de la unidad y la diversidad dentro de la Iglesia universal, y en 4:8 resume el Salmo 68, sobre todo el versículo 18. Este salmo retrata a un guerrero valiente que regresa revestido de gloria, y recibe regalos y los reparte entre sus seguidores. Pablo usa esta imagen y dice que, al redimir a los pecadores, Jesucristo les proporciona libertad espiritual, y luego ofrece a los cristianos como regalos a la Iglesia universal. Cada persona es única y tiene capacidades y responsabilidades distintas dentro de la Iglesia de Cristo (4:11-12).

Dentro de este contexto, los versículos 9-10 ofrecen un comentario entre paréntesis sobre la repartición de los dones que hace Jesús, afirmando que antes de ascender al cielo tuvo que descender "a las partes más bajas". Igual que en un viaje circular, donde una persona debe irse de su casa antes de abordar la segunda parte del viaje, el retorno al hogar, Jesús tuvo que abandonar el cielo antes de poder volver al cielo.

"¿Adónde descendió Cristo?". Cuando Pablo habla de "las partes más bajas", ¿qué quiso decir con esas palabras? Algunos intérpretes han entendido que ese descenso es una referencia a Cristo en Pentecostés, cuando repartió dones espirituales a la Iglesia por medio del Espíritu Santo, pero ha habido otras tres maneras principales de entender esto. Muchos han opinado que esta frase habla de unas partes inferiores a la Tierra o debajo de ella, respaldando así un descenso al Hades. Otros creen que Pablo dice que Jesús descendió a la tierra, y la frase debería leerse: "a las partes bajas, es decir, a la tierra". Una tercera solución es que se refiera a la encarnación y a la muerte posterior de Jesús, con la idea de "la parte más baja de la tierra, la tumba".

Esta última idea encaja bien en el contexto inmediato del pasaje. Pablo afirma que el mismo Cristo que ascendió al cielo es también aquel que antes había descendido del mismo. Descendió del cielo para nacer como humano. En su encarnación, fue crucificado realmente, murió y fue sepultado, resucitó en gloria al tercer día, venció al pecado y a la muerte, ofreció la liberación espiritual y la salvación a todos. Estos versículos no enseñan que Jesús descendiera al infierno.

Conclusión

Hemos expuesto una serie de preguntas y respuestas sobre Jesús. Pero existe una última pregunta que nos gustaría que usted tuviera en cuenta: "¿Qué es lo más importante que debo saber de Jesús?". La respuesta es muy clara: "Como Dios le ama, Jesús murió por sus pecados". Es posible que Juan 3:16 sea el versículo más conocido y citado de la Biblia: "Porque de tal manera amó Dios al mundo, que ha dado a su Hijo unigénito, para que todo aquel que en él cree, no se pierda, más tenga vida eterna". Le animamos a orar, admitiendo ante Dios que Jesucristo murió en la cruz por sus pecados, creyendo y pidiendo a Dios perdón por sus pecados y vida eterna. Si lo hace sinceramente, Dios ha prometido que escuchará su oración, perdonará sus pecados y le dará la vida eterna. Es la decisión más importante que pueda tomar en esta vida.

APÉNDICE

Tabla cronológica de la vida de Jesucristo

Cronología de Hoehner

Nacimiento de Jesús	invierno 5/4 a. C.
Muerte de Herodes el Grande	marzo/abril 4 a. C.
Los prefectos empiezan a gobernar Judea y Samaria	6 d. C.
Jesús en el templo a los doce años	Pascua, 29 de abril, 9 d. C.
Caifás se convierte en sumo sacerdote	18 d. C.
Pilato llega a Judea	26 d. C.
Inicio del ministerio de Juan el Bautista	verano/otoño 29 d. C.
Primera Pascua de Jesús (Jn. 2:13)	7 de abril, 30 d. C.
Juan el Bautista, encarcelado	30 o 31 d. C.
Segunda Pascua de Jesús	23 de abril, 31 d. C.
Muerte de Juan el Bautista	31 o 32 d. C.
Jesús en la fiesta de los Tabernáculos (Jn. 5:1)	21-28 de octubre, 31 d. C.
Tercera Pascua de Jesús (Jn. 6:4)	13/14 de abril, 32 d. C.
Jesús en la fiesta de los Tabernáculos (Jn. 7:2, 10)	10-17 de septiembre, 32 d. C.
Jesús en la fiesta de la Dedicación (Jn. 10:22-39)	18 de diciembre, 32 d. C.

Última semana de Jesús	28 de marzo – 5 de abril, 33 d. C.
Llega a Betania	sábado 28 de marzo
Multitudes en Betania	domingo, 29 de marzo
Entrada triunfal	lunes, 30 de marzo
Higuera maldita y limpieza del templo	martes, 31 de marzo
Controversia en el templo y discurso en el monte de los Olivos	miércoles, 1 de abril
Jesús toma la Pascua, es traicionado, arrestado y juzgado	jueves, 2 de abril
Jesús es juzgado y crucificado	viernes, 3 de abril
Jesús es sepultado	sábado, 4 de abril
Jesús resucita	domingo, 5 de abril
Ascensión de Jesús (Hch. 1)	jueves, 14 de mayo, 33 d. C.
Día de Pentecostés (Hch. 2)	domingo, 24 de mayo, 33 d. C.

Tabla tomada y adaptada de *Chronological and Background Charts of the New Testament*, por H. Wayne House. Copyright © 1981, 2009 por H. Wayne House. Usada con permiso de Zondervan, www.zondervan.com. Las fechas se basan en los estudios de Harold W. Hoehner.

Notas

Introducción

1. Carl F. H. Henry, *God, Revelation and Authority, Vol. III, God Who Speaks and Shows* (Waco, TX: Word, 1979), p. 105.

Primera parte: La vida y el ministerio de Jesús

1. Harold W. Hoehner, *Chronological Aspects of the Life of Christ* (Grand Rapids: Zondervan, 1977), pp. 11-14.
2. Citado en Adolf Deissman, *Light from the Ancient East*, trad. Lionel R. M. Strachan (Grand Rapids: Baker, 1965), p. 271. Véase también Paul L. Maier, *In the Fullness of Time: A Historian Looks at Christmas, Easter, and the Early Church* (San Francisco: HarperCollins, 1991), pp. 25, 28-29.
3. Para una visión general de los temas referentes al 25 de diciembre y a la celebración del nacimiento de Jesús en el cristianismo temprano, véase Andrew McGowan, "How December 25 Became Christmas", en http://www.bib-arcy-org/e-features/christmas.asp (consultado el 27 de julio de 2010). Véase también Roger T. Beckwith, *Calendar and Chronology: Jewish and Christian* (Leiden: E. J. Brill, 1996), pp. 71-79.
4. Hoehner, *Chronological Aspects of the Life of Christ*, pp. 11-27.
5. Colin Brown, ed., "Jesus Christ, Nazarene, Christian", en *New International Dictionary of New Testament Theology* (Grand Rapids: Zondervan, 1977), 2:330-332.
6. Brigham Young, *Journal of Discourses* 4:259-60; Apostle Orson Hyde, *Journal of Discourses* 2:81, 210.
7. Véase también Darrell L. Bock, *Breaking the Da Vinci*

Code [*Descubra los misterios del Código Da Vinci*] (Nashville: Thomas Nelson, 2004), pp. 47-60. Publicado en español por Caribe-Betania.

8. *Evangelio de Felipe*, trad. Wesley W. Isenberg de la edición inglesa, Gnostic Society-Library, Nag Hammadi Library, en http://www.gnosis.org/naghamm/gop.html (consultada el 29 de julio de 2010).
9. Bock, *Breaking the Da Vinci Code*, pp. 31-46.
10. Para más información sobre las refutaciones de la idea de un Jesús que visitó India, véase Douglas Groothius, *Jesus in an Age of Controversy* (Eugene, OR: Harvest House, 1996), pp. 133-151. Véase también H. Wayne House, *The Jesus Who Never Lived* (Eugene, OR: Harvest House, 2008), pp. 109-124.
11. Para una refutación a fondo de los "años perdidos", véase Groothius, *Jesus in an Age of Controversy*, pp. 119-132.
12. Hoehner, *Chronological Aspects of the Life of Christ*, p. 95.
13. Ibíd., pp. 65-93, 99. Hoehner ofrece el estudio mejor y más comprensible de la cronología de la semana de la Pasión. Además de su obra, el libro estándar sobre la cronología de la Biblia es el de Jack Finegan, *Handbook of Biblical Chronology*, ed. rev. (Peabody, MA: Hendrickson, 1998).
14. Hoehner, *Chronological Aspects of the Life of Christ*, pp. 100.
15. Ibíd., pp. 43-44.
16. Para más información sobre la dilatada e importante historia del lugar y la Iglesia del Santo Sepulcro, véase Martin Biddle, *The Tomb of Christ* (Stroud, Reino Unido: Sutton, 1999). Véase también Dan Bahat, "Does the Holy Sepulchre Church Mark the Burial of Jesus?", *Biblical Archaeology Review* 12:3 (mayo-junio 1986): pp. 26-45.
17. Darrell L. Bock y Daniel B. Wallace, *Dethroning Jesus: Exposing Popular Culture's Quest to Unseat the Biblical Christ* (Nashville: Thomas Nelson, 2007), p. 213. Para una refutación plena de la hipótesis, véanse pp. 193-213. Véase también Gary R. Habermas, *The Secret of the Talipot Tomb: Unravelling the Mystery of the Jesus Family Tomb* (Nashville: Broadman Holman, 2007).
18. Para una introducción a estos métodos, véase Richard N.

Longenecker, *Biblical Exegesis in the Apostolic Period*, 2ª ed. (Grand Rapids: Eerdmans, 1999).

Segunda parte: La persona de Jesús según la Biblia

1. "Virgin, Virginity", *Encyclopedia Judaica* (Jerusalén: Keter, 1971), 16:159-160.
2. Véase Arnold Fruchtenbaum, *Messianic Christology* (Tustin, CA: Ariel Ministries, 1998), pp. 32-37, y Edward E. Hindson, *Isaiah's Immanuel* (Phillipsburg, NJ: Presbyterian and Reformed Publishing, 1978).
3. Bruce M. Metzger, *The New Testament: Its Background, Growth, and Development* (Nashville: Abingdon Press, 1965), pp. 41-42 (citando al rabino Kaufmann Kohler, "Pharisees", en *The Jewish Encyclopedia* [Nueva York: Funk and Wagnalls, 1905], IX:665).
4. Véase también Josefo, *Antigüedades de los judíos* 13.5.9; 18.1.3, citado arriba, para saber más sobre los fariseos.

Tercera parte: La obra de Jesús según la Biblia

1. Cuando reflexionamos sobre si Jesús es el Mesías de Yahvé, nos vienen a la mente varias preguntas. Una tiene que ver con cómo deberíamos comprender las profecías, o predicciones, del Antiguo Testamento relativas al Mesías. ¿Deberíamos interpretarlas literalmente? ¿Existe un doble cumplimiento, y una parte del pasaje profético se refiere al momento en que se pronunció, mientras que otra habla del Mesías futuro? ¿Se refieren a un Mesías o a varios? ¿Qué conlleva la posición de Mesías? Una segunda pregunta tiene que ver con el modo en que los autores de los libros neotestamentarios entendían las profecías del Antiguo Testamento sobre el Mesías. ¿Qué método interpretativo usaban para abordar los textos proféticos? ¿Han entendido bien los cristianos la manera judía de interpretar los pasajes "sobre el cumplimiento"? ¿De qué manera entendía Jesús las Escrituras hebreas en lo relativo a su persona? Tercero, ¿deberíamos interpretar la manera en que se cumplieron las profecías sobre el Mesías en su primera venida de forma distinta a las que hablan de la segunda? A la vista de la naturaleza de este libro, hemos

decidido no abordar tales preguntas aquí, pero el lector puede consultar libros como los de Edward E. Hindson, *Isaiah's Immanuel*; John F. Walvoord, *Jesus Christ Our Lord*; Thomas Ice y Timothy J. Demy, *Fast Facts on Bible Prophecy from A to Z*; y Arnold G. Fruchtenbaum, *Jesus Was a Jew* y *Messianic Christology.*

2. Consulte la obra detallada de Eugene J. Mayhew, *Encyclopedia of Messianic Candidates & Movements in Judaism, Samaritanism, and Islam* (St. Clair Shores, MI: Cadiex & Maheux Press, 2009).
3. Aunque el famoso líder de la revuelta contra Roma se presentó como el Mesías, pretensión respaldada por el rabino Akiva, más tarde Simón fue asesinado por sus propios seguidores por no cumplir las profecías mesiánicas.
4. En el Antiguo Testamento existen muchas profecías relativas al Mesías que se cumplen en Jesús. Para ver una lista parcial, véase H. Wayne House y Randall Price, *Charts of Bible Prophecy* (Grand Rapids: Zondervan, 2003), pp. 53-56.
5. Juan Pablo II, "Jesús Christ, Messiah Priest, Jesús Son and Savior: Catechesis on the Creed, part II" (18 de febrero de 1987), 3, en http//www.vatican.va/holy_father/john_paul_ii/audiences/alpha/data/aud19870218en.html (consultada el 10 de junio de 2011).

Cuarta parte: Jesús y el futuro

1. Para más información sobre el lugar y la obra presentes de Jesús, véase John F. Walvoord, *Jesus Christ Our Lord* (Chicago: Moody Publishers, 1969), pp 219-232.
2. Para más información sobre la segunda venida y los sucesos proféticos que la rodean, véase John F. Walvoord, *The Return of the Lord* (Grand Rapids: Zondervan, 1955), y John F. Walvoord, *Prophecy: 14 Essential Keys to Understanding the Final Drama* (Nashville: Thomas Nelson, 1993).
3. Para una refutación más completa del preterismo, véase Tim LaHaye y Thomas Ice, eds., *The End Times Controversy: The Second Coming Under Attack* (Eugene, OR: Harvest House, 2003), y Mark Hitchcock y Thomas Ice,

Breaking the Apocalypse Code: Setting the Record Straight About the End Times (Costa Mesa, CA: Word for Today, 2007).
4. John F. Walvoord, *Major Bible Prophecies* [*Las grandes profecías de la Biblia*] (Grand Rapids: Zondervan, 1991), p. 372. Publicado en español por Caribe.
5. Esta tabla está adaptada de Thomas Ice y Timothy J. Demy, *Fast Facts on Bible Prophecy from A to Z* (Eugene, OR: Harvest House, 2004). Usada con permiso.
6. Sobre la importancia profética de Jerusalén, véase Randall Price, *Jerusalem in Prophecy* (Eugene, OR: Harvest House, 1998).
7. Walvoord, *Major Bible Prophecies*, pp. 390-391.

Quinta parte: Jesús según las fuentes extrabíblicas

1. Véase el tratamiento novelado de James Hannam de la historia de Aníbal con el método usado por quienes niegan a Jesús, en "Refuting the Myth That Jesus Never Existed", Bede's Library, http://www.bede.org.uk/jesusmyth.htm (última consulta el 4 de mayo de 2011).
2. Pocos hay que no crean que Jesús existió. Incluso los eruditos liberales siguen creyendo que Jesús fue un personaje histórico y que disponemos de evidencias históricas sobre su persona en el Nuevo Testamento.
3. Graham Stanton, *The Gospels and Jesus* (Nueva York: Oxford University Press, 2002), p. xxiii. Escribe: "Hoy día prácticamente todos los historiadores, cristianos o no, aceptan que Jesús existió y que los Evangelios contienen numerosas evidencias valiosas que hay que sopesar y evaluar críticamente".
4. Plutarco, *The Life of Alexander the Great*, Modern Library Paperback Edition, trad. John Dryden y ed. Arthur Hugo Clough (Nueva York: Random House, 2004).
5. Bertrand Russell, *Por qué no soy cristiano* (México: Edit. Hermes, 1962).
6. Timothy Freke y Peter Gandy, *The Jesus Mysteries* (Nueva York: Three Rivers Press, 2001). Véase la crítica que hace Wayne House del libro de Freke y Gandy en H. Wayne House, "A Summary Critique: The Mythological Jesus

Mysteries", *Christian Research Journal* 26, nº 1 (2003): pp. 56-58.

7. William Lane Craig, *On Guard* (Colorado Springs: David C. Cook, 2010), p. 188.
8. Hannam, "Refuting the Myth That Jesus Never Existed".
9. Jaroslav Pelikan, *Jesus Through the Centuries* (New Haven, NJ: Yale University Press, 1985), p. 1.
10. Will Durant y Ariel Durant, *Caesar and Christ*, en *The Story of Civilization*, vol. 3 (Nueva York: Simon & Schuster, 1980), p. x.
11. Para una introducción y vista general excelentes de los manuscritos del mar Muerto, véase Craig A. Evans, *Holman QuickSource Guide to the Dead Sea Scrolls* (Nashville: Holman Reference, 2010).
12. Véase H. Wayne House, "The Basis in Pre-Christian Judaism and the Hebrew Scriptures for the Apostolic Preaching of the Death and Resurrection of the Messiah" (próxima aparición en el Journal of the International Society of Christian Apologetics), en el que House intenta demostrar puntos de vista parecidos compartidos por los esenios y la comprensión apostólica neotestamentaria del Mesías.
13. Para un análisis más completo con documentación, véase H. Wayne House, *The Jesus Who Never Lived* (Eugene, OR: Harvest House, 2008), pp. 55-66, y la nota que lo acompaña. Si el lector desea un tratamiento breve pero excelente de las fuentes históricas sobre Jesús y la respuesta de los críticos, consulte los enlaces en http://www.tektonics.org/jesusexisthub.html (consultada el 4 de mayo de 2011). Un análisis más exhaustivo se encuentra en Gary R. Habermas, *The Historical Jesus: Ancient Evidence for the Life of Christ* (Joplin, MO: College Press Publishing, 1996).
14. Para un análisis más profundo de las evidencias judías de Jesús, véase House, *The Jesus Who Never Lived*, pp. 58-65, junto con las notas al pie.
15. Citado de ibíd., pp. 62–63. Véase Josefo, *Antigüedades* 18.63–64.
16. Josefo, *Antigüedades* 20.200.

17. Véase House, *The Jesus Who Never Lived*, pp. 63-65, para hallar una cita del Talmud y un análisis del texto.
18. Consulte House, *The Jesus Who Never Lived*, para saber más sobre estas y otras fuentes, con una extensa documentación.
19. "Padres apostólicos" se refiere a aquellas personas que tuvieron contacto con uno o más de los apóstoles o sus asociados.
20. Justino Mártir, *Primera apología,* 63.15.
21. Clemente de Alejandría, *Pedagogo*, cap. 2.4.
22. Clemente de Alejandría, *Pedagogo*, cap. 3.1.
23. Tertuliano, *Contra Práxeas*, 2.
24. Ireneo, *Contra las herejías*, I.X.1.
25. Hipólito, *Contra la herejía de un tal Noeto,* 14.
26. Ireneo, *Contra las herejías*, citado en Alister McGrath, *The Christian Theology Reader* (Cambridge: Blackwell Publishers, 1995), p. 137.
27. Para saber más sobre Jesús y el gnosticismo, véase Darrell L. Bock, *The Missing Gospels: Unearthing the Truth Behind Alternative Christianities* (Nashville: Thomas Nelson, 2006).

Sexta parte: Jesús y los paradigmas alternativos

1. Para una perspectiva musulmana rápida sobre Jesús, véase el informe sobre religiones de la BBC elaborado por Tarif Khalidi, "Jesus Through Muslim Eyes", en http://www.bbc.co.uk/religion/religions/islam/beliefs/isa.shtml (consultada el 9 de mayo de 2011). Véase también Tarif Khalidi, *The Muslim Jesus: Sayings and Stories in Islamic Literature* (Cambridge, MA: Harvard University Press, 2003). Para una respuesta general desde una perspectiva cristiana y un análisis más completo de los puntos de vista islámicos sobre Cristo y el cristianismo, véase House, *The Jesus Who Never Lived*, pp. 125-132. Véase también also John Ankerberg y Emir Caner, *The Truth About Islam and Jesus* (Eugene, OR: Harvest House, 2009).
2. Véase Timothy George, *Is the Father of Jesus the God of Muhammad?* (Grand Rapids: Zondervan, 2002).
3. La opinión de que Jesús predijo la venida de Mahoma está

plagada de problemas. Para un análisis sobre este tema, véase House, *The Jesus Who Never Lived*, pp. 129-131.

4. Neal Robinson, "Jesus", en *Encyclopedia of the Qur'an*, vol. 3 (Leiden: E. J. Brill, 2003), p. 7. Véase también Cyril Glassé, "Jesus, Son of Mary", en *The Concise Encyclopedia of Islam* (San Francisco: Harper & Row, 1989), pp. 208-209.
5. Ibíd., p. 17.
6. Para obtener una perspectiva rápida sobre Jesús en las religiones orientales, véanse los informes sobre religiones de la BBC "Jesus Through Buddhist Eyes", de Ajahn Canasiri, en http://www.bbc.co.uk/religion/religions/buddhism /beliefs/jesusandbuddhism_1.shtml (consultada el 9 de mayo de 2011); "Jesus in Hinduism", de Shaunaka Rishi Das en http://www.bbc.co.uk/religion/religions/hinduism /beliefs/jesus_1.shtml (consultada el 9 de mayo de 2011); y "Jesus Through Sikh Eyes", de Nikki Singh en http:// www.bbc.co.uk/religion/religions/sikhism/people/jesus .shtml (consultada el 9 de mayo de 2011).
7. Se puede encontrar más sobre el tema en House, *The Jesus Who Never Lived*, pp. 111-112.
8. Ibíd., p. 281n25. Véase también Eugene J. Mayhew, *Encyclopedia of Messianic Candidates and Movements in Judaism, Samaritanism, and Islam*, 281.
9. Ibíd., p. 116.
10. Ibíd., p. 117.
11. Ibíd., pp.114-115.
12. Sobre la expansión del cristianismo primitivo en oriente, véase Philip Jenkins, *The Lost History of Christianity* (San Francisco: Harper-One, 2008). Jenkins es muy meticuloso en su obra, y no cae en la trampa de buena parte del revisionismo presente en los estudios actuales sobre el cristianismo primitivo.
13. Para un análisis más completo de Jesús y las religiones orientales, véase House, *The Jesus Who Never Lived*, pp. 112-125. Para un vistazo sobre la historia y la creencias del hinduismo, el budismo y otras religiones orientales, véase H. Wayne House, *Charts of World Religion* (Grand Rapids: Zondervan, 2006), tablas 57-85.

14. House, *The Jesus Who Never Lived*, p. 200.
15. Para un tratamiento más extenso de Jesús y la cultura popular, véase ibíd., pp. 191-219.
16. Carl F. H. Henry, *Christian Countermoves in a Decadent Culture* (Portland, OR: Multnomah, 1986), pp. 89-90.
17. Robert Funk, *The Five Gospels: The Search for the Authentic Words of Jesus* (San Francisco: HarperOne, 1996), p. 2.
18. John Dominic Crossan, *Jesus: A Revolutionary Biography* [*Jesús: Biografía revolucionaria*] (San Franciso: HarperCollins, 1994), p. 82. Publicado en español por Grijalbo Mondadori.
19. Ibíd., p. 95.
20. John Dominic Crossan, "The Necessity of Historical Jesús Research for Christian Faith, Jesus at 2000", debate por e-mail sobre el Jesús histórico, Cuaresma, 1996, cita de http://www.markgoodacre.org/xtalk/crossan1.txt (consultada el 6 de mayo de 2011).

Séptima parte: Jesús y algunas cuestiones difíciles de la Biblia

1. Para un estudio más detallado del pasaje y los puntos de vista, véase Wayne Grudem, "Christ Preaching Through Noah: 1 Peter 3:19–20 in the Light of Dominant Themes in Jewish Literature", *Trinity Journal* 7:2 (otoño de 1986): pp. 3-31. (Este artículo es un apéndice en su comentario sobre 1 Pedro en la Tyndale New Testament Commentary Series). Véase también John S. Feinberg, "1 Peter 3:18–20, Ancient Mythology, and the Intermediate State", *Westminster Theological Journal* 48 (1986): pp. 303-336.

Bibliografía recomendada

Bock, Darrell L. *Descubra los misterios del Código Da Vinci*. Nashville: Caribe-Betania, 2004.

Carballosa, Evis L. *Cristo en el milenio*. Grand Rapids: Portavoz, 2007.

Josefo, Flavio. *Antigüedades de los judíos*.

Núñez, Miguel. *Jesús, el hombre que desafió al mundo y confronta tu vida*. Grand Rapids: Portavoz, 2013.

Walvoord, John F. *Las grandes profecías de la Biblia: 37 profecías cruciales que nos afectan hoy*. Miami, FL: Editorial Caribe, 1995.

Wilkins, Michael J., y J. P. Moreland, eds. *Jesús bajo sospecha: Una respuesta a los ataques contra el Jesús histórico*. Terrassa: Editorial Clie, 2003.

Sobre los autores

H. Wayne House es profesor distinguido de investigación de Teología, Derecho y Cultura en el Faith Evangelical Seminary de Tacoma, Washington, y profesor adjunto de Estudios Bíblicos y Apologética en el Veritas Evangelical Seminary. Anteriormente fue profesor asociado de Teología Sistemática en el Dallas Theological Seminary, y profesor de Teología y Cultura en la Trinity Graduate School, Trinity International University, y profesor de Derecho en la Trinity Law School. Tiene un JD (Juris Doctor) de la Regent University School of Law, un doctorado en Teología por el Concordia Seminary, St. Louis, una maestría en Griego patrístico de la Abilene Christian University, una maestría y un doctorado en Teología del Western Seminary, y una licenciatura en Griego clásico y helenístico de la Hardin-Simmons University.

Ha sido escritor, coautor y editor de más de 30 libros, autor de más de 70 publicaciones en diarios profesionales y revistas, y contribuyente en diversos libros, diccionarios y enciclopedias. Entre sus numerosas obras figuran: *The Nelson Study Bible* (editor de NT); *The Battle for God*; *Charts on Open Theism and Orthodoxy*; *Charts of World Religions*; *Charts of Christian Theology and Doctrine*; *Chronological and Background Charts of the New Testament*; *Charts of Cults, Sects, and Religious Movements*; *A Christian View of Law*; *Restoring the Constitution*; *The Jesus Who Never Lived*; *Israel: The Land and the People*; *God's Message: Your Sermon*, e *Intelligent Design 101*.

El Dr. House figura en las juntas directivas de numerosas organizaciones, y fue presidente de la Evangelical Theological Society (1991). Cada año dirige viajes de estudio a Israel, y en años alternos a Jordania y Egipto, así como a Turquía y Grecia. Lleva 43 años casado con Leta Frances McConnell, y tienen dos hijos, Carrie y Nathan, y cinco nietos. Quien tenga interés en viajar a tierras bíblicas puede contactar con él en info@christianstudytours.com. Su página web es www.hwhouse.com.

Timothy J. Demy ha escrito y editado más de dos docenas de libros sobre la Biblia, teología y temas de actualidad. También ha contribuido a numerosas publicaciones profesionales, manuales bíblicos, Biblias de estudio y enciclopedias de teología. Profesor de Ética militar en el US Naval War College, trabajó durante más de 27 años como capellán en diversos puestos, tanto en tierra como en mar, con la Marina estadounidense, el Cuerpo de Marines de los Estados Unidos y la Guardia Costera de Estados Unidos. Ha publicado artículos y ha sido conferencista nacional e internacional sobre temas de guerra y paz y sobre el papel que juega la religión en las relaciones internacionales. También es profesor adjunto de teología en el Baptist Bible Seminary.

Además de su formación teológica, recibida en el Dallas Theological Seminary (ThM, ThD), obtuvo una maestría en relaciones internacionales en la Universidad de Cambridge, y una maestría y un doctorado de la Salve

Regina University, donde escribió sobre C. S. Lewis. También obtuvo títulos de licenciatura en Historia europea y en estudios de seguridad nacional y estratégicos, y fue el graduado de honor del Presidente del US Naval War College. Forma parte de numerosas organizaciones profesionales, incluyendo la Evangelical Theological Society, la Society of Biblical Literature, y es Fellow de la Royal Society of Arts (Reino Unido). Él y su esposa, Lyn, llevan 33 años casados.